PRÉCIS
DE
MON VOYAGE ET MA MISSION
EN ITALIE,
DANS LES ANNÉES 1798 ET 1799;
ET RELATION
DES ÉVÉNEMENS
QUI ONT EU LIEU A VITERBE
DEPUIS LE 27 NOVEMBRE 1798,
JUSQU'AU 28 DÉCEMBRE SUIVANT.

42644

1808.

AVIS.

Cet ouvrage ne sera point répandu dans le public : imprimé à un très petit nombre d'exemplaires, je le destine à quelques amis seulement.

J'ai desiré, tandis que presque tous mes témoins existent encore, consacrer des faits qu'ils peuvent attester.

Cette relation est rédigée d'après des notes écrites sur les lieux mêmes, et pendant les événemens qu'elle retrace.

Il m'importait de laisser un monument incontestable d'une époque que la malignité a diversement racontée, et de payer un tribut solennel de reconnaissance à mes généreux libérateurs.

Trois d'entre eux ont déjà cessé de vivre; M. le Comte Zelli-Pazzaglia, S. E. le Cardinal Evêque de Viterbe, Muzio-Gallo, et le Chanoine Vincenzo-

Parentati, sont morts à peu d'intervalle l'un de l'autre.

Le Moniteur du 13 pluviôse an 10, contient sur le Cardinal Muzio-Gallo une notice que je crus devoir faire publier au moment où j'appris le décès de ce digne Prélat; elle excita vivement la sensibilité, et fut copiée dans toutes les gazettes nationales et étrangères.

J'ai donc acquis, par cet essai, la certitude que les faits qu'on va lire ne paraîtront pas dépourvus d'intérêt.

Je n'ai rien avancé qui ne fût d'une exacte vérité, et qui ne pût être certifié par les habitans de Viterbe eux-mêmes.

Al. MÉCHIN.

VOYAGE ET MISSION
EN ITALIE,
Dans les années 1798 et 1799.

Vers la fin du mois d'août 1798, le Gouvernement me nomma son Commissaire dans l'Ile de Malte, nouvellement conquise par le Général BONAPARTE.

Le vainqueur avait remis le commandement des forces militaires laissées dans l'Ile à M. le Général Vaubois, maintenant Sénateur, et l'administration à M. Regnaud de Saint-Jean-d'Angely, aujourd'hui Ministre d'Etat, Président de la section de l'intérieur, etc..... Je succédais à ce dernier. Cette mission était difficile, périlleuse, et je n'avais que vingt-six ans...... je dus l'accepter.

Je ne me dissimulais pas que la caducité du Gouvernement Directorial avait suivi de près son institution, et qu'une grande catastrophe était imminente.

Déjà depuis long-temps tous les regards étaient fixés sur l'Égypte et son immortel conquérant, et les détails de cette expédition célèbre enflammaient les imaginations. J'avais sollicité du Général Bonaparte, depuis plusieurs mois, la faveur d'être appelé près de lui, et j'étais avide d'admirer sur les lieux des exploits dont la renommée remplissait le monde.

J'ignore si ma lettre lui est parvenue. La mission qui m'était proposée, en me rapprochant du théâtre de sa gloire, me procurait l'honneur d'entretenir avec lui des rapports fréquens et directs, et d'avoir une part quelconque aux événemens qu'il devait diriger, non seulement en Egypte, mais encore en France, où tous les bons esprits le desiraient comme le seul homme qui, par son génie, sa fermeté et sa haute réputation militaire, pût comprimer les partis, rétablir l'ordre, et terminer la révolution.

Je m'empressai donc de faire mes préparatifs de départ, et après avoir reçu mes instructions, je me mis en route, dans les premiers jours de septembre, avec ma femme, un Secrétaire particulier et plusieurs domestiques.

Le Gouvernement m'avait donné trois Secrétaires avec rang de Secrétaires de légation; et quelques jeunes gens avaient obtenu la permission de me suivre, pour venir occuper dans l'Ile divers emplois administratifs.

Arrivé à Milan, je me hâtai d'aller rendre mes devoirs au Général Brune, qui commandait en chef l'armée d'Italie, et à M. Trouvé, Ambassadeur de France près le Directoire Cisalpin.

Le Général, dans plusieurs entretiens que j'eus avec lui, me représenta fortement l'impossibilité de remplir ma mission, et l'inutilité des efforts que je ferais pour me rendre à Malte; l'Ile était étroitement bloquée par les escadres anglaises et portugaises combinées, la population insurgée, et les Français retirés dans la ville ne pouvaient en sortir qu'en s'ouvrant un passage à main armée. Quelqu'affligeans que fussent ces détails, je persistai dans l'intention de suivre littéralement mes instructions.

Mon projet était, si de meilleures nouvelles ne nous arrivaient pas, de renvoyer ma femme en France, ou de la laisser à Milan jusqu'à ce que je pusse lui procurer les moyens de se rendre, avec quelque sureté, auprès de moi.

Le Général Brune insista pour que je ne partisse pas, au moins sans prendre ses conseils, et m'annonça qu'il allait demander à mon sujet les ordres du Directoire exécutif; les mêmes considérations l'avaient déterminé à retenir à Milan le Général Dessoles, qui devait remplacer le Général Vaubois dans le commandement militaire de l'Ile.

Je ne sais quel motif engageait le Directoire exécutif à révoquer ainsi les choix du Général victorieux.

Je demeurai donc à Milan pendant dix-sept jours. Durant cet intervalle, j'écrivis à tous les Consuls de France employés en Italie, pour les consulter sur les moyens d'embarquement : leurs réponses furent unanimes; il n'en était aucun qui en entrevît quelque possibilité; et le seul parti qui me restait à suivre était de me rendre à Naples, pour de-là tâcher, en cotoyant la Calabre et la Sicile, d'arriver, sur un *speronare*, à Malte à travers les flottes ennemies. Très résolu à user de cette voie, si c'était la seule qui me restât, j'allai prendre congé du Général, et montai de suite en voiture.

Après deux jours de repos à Florence, où j'avais à m'aboucher avec plusieurs personnes, je continuai ma route vers Rome.

MM. Duport et Bertolio, sous le titre de Commissaires du Directoire exécutif, gouvernaient l'Etat ecclésiastique qui venait d'être décoré du titre pompeux de République romaine; ils dirigeaient ses Consuls, ses Sénateurs et ses Tribuns.

Je fus reçu d'eux comme un collègue dont ils plaignaient le sort, et qu'ils croyaient dévoué à une perte certaine : ils avaient sur la situation de Malte des renseignemens conformes à ceux qui étaient parvenus au Général Brune.

Je me hâtai d'écrire au Général Lacombe-Saint-Michel, alors Ambassadeur de France auprès de la Cour de Naples, en le priant de solliciter des passeports pour ma suite et pour moi. Ils furent refusés opiniâtrement, malgré mes démarches réitérées, et la bonne intelligence qui paraissait régner encore alors entre la France et Naples. Je revins à la charge, et le suppliai, de la manière la plus pressante, d'essayer s'il ne pourrait pas m'obtenir, sous un nom supposé et comme négociant, des passeports particuliers. Le Gouvernement napolitain avait l'œil ouvert sur ma mission, et il fut impossible de lui faire prendre le change. Je m'empressai d'informer de ces obstacles le Gouvernement, j'expédiai à Paris mon courier porteur de plusieurs dépêches qui contenaient les détails les plus circonstanciés sur ma position, le dénuement de fonds où je me trouvais, le péril qui menaçait l'État romain, la détresse de Malte et les intentions hostiles du Roi des deux Siciles.

Les avis que nous avions reçus nous peignaient comme extrêmement pressant le ravitaillement de Malte. M. d'Aymar, alors Ministre de France à Turin, m'avait communiqué les offres faites par un fournisseur Toscan, et qui paraissaient acceptables.

Je n'avais ni argent ni crédit ouvert à la trésorerie de France; d'un autre côté, je sentais vivement combien mon arrivée à Malte mécontenterait la garnison, si au lieu de secours, je ne lui apportais que la personne d'un agent civil, plus embarassant qu'utile dans une place aux prises avec le besoin et assiégée par terre et par mer.

Néanmoins je profitai des ouvertures de M. d'Aymar; j'envoyai à Florence l'un des jeunes gens qui m'avaient accompagné, avec des instructions précises sur l'objet de sa négociation et les moyens de la conduire heureusement à son terme. J'y joignis des lettres de recommandation pour M. Rheinard, alors Ministre de France près la Cour de Toscane.

Des circonstances nouvelles neutralisèrent cette mission.

Je ne recevais du Ministère aucune réponse; seulement quelques amis me mandaient qu'on s'étonnait de la prolongation de mon séjour en Italie, et que les Membres du Directoire en témoignaient leur mécontentement.

Ma conscience me rassurait, j'avais fait tous les efforts qui dépendaient de moi, mais à plus de trois cents lieues, il était difficile qu'on appréciât avec justesse la position où je me trouvais.

Enfin, croyant que je pourrais peut-être m'embarquer à Ancóne, j'en écrivis au Général Brune; il m'avait manifesté l'intention d'envoyer quelques secours à Malte, en hommes et en argent. Les trois vaisseaux pris à Venise étaient dans le port d'Ancóne.

Je proposai au Général de les faire armer pour un court trajet; je lui observais que nous pourrions, en partant de ce point, nous diriger directement sur Marsa-Siroco, port situé dans la partie méridionale de l'Ile, et de-là nous ouvrir par la force, au milieu des insurgés, un passage jusqu'à la cité Valette; que si les vents ou d'autres obstacles nous contrariaient, nous nous réfugierions à Corfou, pour ensuite tenter, à la première occasion favorable, la réalisation du projet que je viens d'indiquer sommairement.

Ces propositions furent agréées par le Général en chef, qui donna, en conséquence, des ordres au Général Monnier qui commandait à Ancône.

Au moment où j'allais partir pour me rendre dans cette ville, je reçus la visite du Général Cambray, qui avait été substitué, pour le commandement de Malte, au Général Dessoles.

Le Général Cambray arrivait dans la persuasion qu'éclairé sur les périls de ma mission, je redoutais de m'y exposer. »Commissaire, me dit-il en entrant chez moi, il faut partir et ne pas avoir peur». Eh! de qui, Général, puis-je avoir peur, lui répondis-je? Des Anglais, des Portugais? J'ai si grand desir de les voir, que je pars dans une heure pour Ancône où je m'embarque dans le dessein d'aller à leur rencontre... Le Général resta interdit, et finit par se plaindre amèrement de ma précipitation et de la nécessité où je le mettais de quitter Rome si promptement.

J'arrivai le surlendemain à Ancône, et déjà l'on s'occupait de l'armement des vaisseaux vénitiens. Quelques jours après, les troupes qui devaient nous accompagner arrivèrent, et j'entrevoyais avec joie le moment où je pourrais quitter le continent.

Dans ces entrefaites, le Vice-Amiral Pléville-le-Peley, envoyé par le Directoire exécutif pour visiter les ports et arsenaux de l'Italie, se rendit à Ancône. J'allai lui rendre visite, et je lui parlai avec enthousiasme de notre projet d'expédition; il se rendit de suite avec moi à bord des vaisseaux, les examina avec soin, se fit rendre un compte exact de leur état, et ne tarda pas à s'assurer qu'il était extravagant de s'y confier. Sa décision me jeta dans le plus profond chagrin; je voyais manquer une expédition que j'avais provoquée, qui avait déjà coûté des sommes considérables, et dont le succès fût devenu une justification éclatante de ma conduite. Il fallut retourner à Rome, où le courier que j'avais expédié pour Paris, ne tarda pas à arriver. Quelle fut ma douleur, lorsqu'au lieu des ordres et des secours que je demandais, il me remit seulement une instruction du Ministre des finances sur la manière d'établir dans l'Ile de Malte un système complet de contributions!

Tous les ports de l'Italie m'étaient fermés ; on n'avait calculé mes frais de route qu'à raison de la distance de Paris à Malte, sans avoir égard aux difficultés qu'on devait naturellement prévoir, ainsi que les excursions forcées par la nécessité de tenter tous les moyens d'embarquemen. Je fus donc obligé de suppléer à l'insuffisance des sommes allouées pour frais de route, de mes propres deniers, et j'épuisai les traites que la maison Doyen et Durieu m'avait données sur diverses maisons de commerce d'Italie. Mon embaras était extrême; il s'augmentait encore par la détresse des Secrétaires et des jeunes gens qui m'avaient suivi : tous étaient dans le besoin et avaient épuisé leurs ressources; pour adoucir leur situation, ils ne pouvaient s'adresser qu'à moi.

J'ai dû entrer dans ces détails, pour démontrer qu'il n'a pas dépendu de moi de me rendre au poste qui m'avait été assigné.

Le Directoire exécutif, long-temps insensible aux craintes des Français qui se trouvaient dans l'Italie méridionale, et trop confiant dans les traités qui l'unissaient à la Cour de Naples, reconnut enfin combien il était pressant de s'opposer aux entreprises qu'elle était sur le point de commencer.

Le Roi de Naples avait réuni une armée de

75,000 hommes, avec une artillerie considérable ; des magasins immenses avaient été disposés sur divers points limitrophes de l'Etat Romain ; notre Ambassadeur était chaque jour insulté à Naples ; les Anglais y régnaient insolemment ; les rues, les carrefours, les palais retentissaient d'imprécations contre la France ; un Général et un état-major autrichiens y avaient été envoyés par la Cour de Vienne ; déjà enfin l'armée ennemie approchait de San-Germano, et sous peu de jours, le quartier-général du Roi, qui commandait son armée en personne, devait y être transféré.

Les alarmes croissaient chaque jour à Rome ; les conjectures les plus bizarres étaient mises en avant et reçues avec avidité, les Autorités de la nouvelle République ne savaient comment faire tête à l'orage, et les Commissaires français, abandonnés à eux-mêmes, consternés du silence du Gouvernement, laissaient entrevoir, malgré eux, les inquiétudes qui les dévoraient.

Enfin arriva le Général Championnet qui prit sur-le-champ le titre de Général en chef de l'armée de Rome. Le Directoire exécutif lui avait donné l'assurance que de prompts et puissans secours lui seraient envoyés par le Général en chef de l'armée d'Italie ; mais la Lombardie était elle-même menacée par une armée autrichienne qui se réunissait sur l'Adige.

Quoiqu'il en fût, la présence du nouveau Général rassura les esprits, et à l'abattement universel succédèrent la confiance et l'alégresse.

Le trois novembre au matin, le Général en chef me fit annoncer que M. Regnaud de Saint-Jean-d'Angely, que je devais remplacer à Malte, avait quitté sa résidence et venait de faire naufrage, avec plusieurs Français qui l'accompagnaient, sur les plages romaines, et près d'un lieu que l'on appelle la Torre-del-Dragone. Cette nouvelle nous surprit étrangement. J'envoyai sur-le-champ au point indiqué, et quelques heures après, je vis arriver M. Regnaud et ses compagnons de voyage.

On devine avec quelle avidité je lui demandai des renseignemens sur Malte, sa situation et les moyens d'y parvenir. Il me confirma tout ce que j'avais déjà appris sur le fâcheux état des affaires dans l'Île, sur l'inutilité de ma mission, et l'impossibilité de pénétrer à travers les nombreux bâtimens qui formaient le blocus; il m'ajouta que lui-même avait été dépêché par le conseil de guerre pour réclamer des secours auprès du Gouvernement, et qu'après 48 heures de repos, il se rendrait à Paris.

Cependant l'armée napolitaine s'avançait rapidement; le Roi, dans son manifeste, déclarait qu'il ne faisait point la guerre aux Français, qu'ils étaient libres de se retirer, mais que l'intérêt de sa couronne et sa propre sureté lui commandaient d'occuper l'Etat romain; qu'il ne regardait comme ennemis que les membres des Autorités publiques qui s'étaient mis en rebellion contre leur Souverain légitime.

Le 4, M. Brémont, Adjudant-général au service de France, et Ministre de la guerre de la République romaine, donna une fête au Général en chef. J'étais, avec mon épouse et plusieurs Français, du nombre des conviés.

La soirée fut terminée par un bal très brillant. Vers minuit, les Généraux Championnet et Macdonald sortirent, et chacun se sépara, sans se douter des événemens mémorables qui étaient sur le point d'éclore.

J'étais retiré au palais Barberini où je logeais, et depuis une heure enséveli dans le plus profond sommeil, lorsque tout-à-coup un *tumulte extraordinaire* remplit tous les vastes appartemens qui précèdent la chambre à coucher. La porte est enfoncée sur-le-champ, et une vingtaine de soldats, les uns armés de leurs fusils, les autres de torches allumées, se précipitent jusqu'au lit où mon épouse et moi reposions, en demandant tous à la-fois le *Commissaire-ordonnateur Buhot*, qui logeait dans l'appartement opposé au nôtre.

Dans le même moment, trois coups de canon, partis du Château S.-Ange, et signal convenu, nous annoncent que Rome est en péril.

La nuit était affreuse, la pluie tombait par torrens, le tonnerre ne cessait de gronder, et du haut du balcon de notre appartement, nous contemplions avec effroi les éclairs qui semblaient embrâser les monumens de l'ancienne capitale du monde.

Je commande à la hâte que, sans perdre un instant, on emballe mes effets, et que l'on attelle les chevaux à mes voitures. On redoutait plus une insurrection de la populace que l'ennemi même, et il était difficile de croire qu'il n'eût pas des intelligences dans Rome. Le palais que nous habitions était fort éloigné du quartier-général, il me fallut traverser la moitié de la ville, pour m'y rendre. Dans certains quartiers régnait un profond silence; dans d'autres les fenêtres s'ouvraient et s'illuminaient successivement, et des voix effrayées demandaient la cause de l'alarme. Les tambours battaient la générale, quelques patrouilles parcouraient les rues et forçaient les Romains à rentrer dans leurs maisons; tandis que tous les Français, emportant avec eux une partie de leurs bagages, se rendaient confusément sur la place d'Espagne, lieu de rassemblement indiqué, en cas d'alerte nocturne.

L'orage ne discontinuait pas, et jamais nuit ne fut, je crois, aussi terrible.

Je trouvai le Général en chef dictant ses ordres.

Il m'apprit que nous serions sans doute attaqués le lendemain, et qu'à toutes les forces napolitaines il n'avait que 4500 hommes à opposer. Quelques instans après, le Général Macdonald vint le trouver, et il fut convenu qu'on pousserait une forte reconnaissance sur Tivoli et Frascati, tandis qu'à la tête d'une partie de la garnison, le Général Lemoyne irait occuper les positions de Civita-Castellana, Terni, Narni, Otricoli, Foligno, Spoletto, etc. Cet avis, le seul qui méritât de fixer l'attention, dans d'aussi pressantes conjonctures, fut long-temps combattu par le Général en chef, auquel il répugnait d'abandonner Rome, dont l'évacuation devenait cependant indispensable, si le Roi de Naples ne différait point son attaque.

J'envoyai un homme sûr au palais Barberini, porter à ma femme et à mes gens l'ordre de se rendre de suite au palais Doria, où j'avais obtenu de la bonté du Prince un appartement d'autant plus commode, qu'il était en face de celui des Commissaires français, et dans le voisinage du quartier-général.

Le lendemain, la garde nationale s'assembla et fit très régulièrement le service de la place. Les Romains, soit par haine naturelle contre les Napolitains, soit par attachement aux Français, ou plutôt par sentiment d'amour-propre, montrèrent beaucoup de courage et de dévouement.

Il y eut, le même jour, un grand repas chez les Commissaires français, et l'on se berçait de l'espérance de conserver Rome : espoir fatal qui m'empêcha de me retirer d'une ville où nul devoir ne me retenait ; et il était encore temps, avant que la nouvelle des événemens fût parvenue dans les provinces, de gagner avec sureté la Toscane.

Dans des momens aussi critiques, nous fûmes comblés de prévenances de la part du respectable Prince Doria.

Enfin, le 5 au soir, le Général en chef convoqua les Autorités romaines et les Français non retenus à Rome par un service actif, et leur signifia qu'il n'y avait pas un instant à perdre pour quiconque voulait pourvoir à sa sureté, qu'à minuit les troupes françaises évacueraient Rome , et qu'elles iraient prendre dans la Romagne une position plus militaire.

Dans les premiers momens d'alarme, j'avais accepté l'offre que m'avait faite M. Regnaud de Saint-Jean-d'Angely, de conduire ma femme en Toscane ; mais il ne put se procurer de voitures, et il fut heureux lui-même de profiter d'une place que lui offrit une dame française.

Il fut convenu que le soir on se réunirait chez M. Arcambal, Commissaire-ordonnateur en chef, pour partir avec lui sous l'escorte qui devait protéger les papiers de l'armée et la caisse militaire.

Le Général Championnet me donna des passe-ports et des ordres pour me procurer en route les vivres et tous les secours dont je pourrais avoir besoin.

On partit, le 6, à une heure après minuit. Peu de voitures nous précédaient, mais une file immense nous suivait. On marchait lentement, les postillons romains obéissaient à peine, et chacun, le cœur navré de douleur, s'efforçait de détourner ses regards de l'avenir, que tout présageait devoir être funeste.

Les Consuls, les Sénateurs, les Tribuns, les Ediles, tout le Gouvernement de la République romaine faisait partie du convoi.

Nous arrivâmes à onze heures du matin à Monte-Rossi, bourg distant de Rome d'environ 25 milles; nous y déjeûnâmes dans le même appartement avec plusieurs Romains et plusieurs dames, entre autres la belle Madame Cesarini, qui nous reprochait amèrement d'être venus troubler la tranquillité dont, avant notre conquête, Rome jouissait depuis tant d'années.

Il était quatre heures de l'après-midi, et nous nous trouvions au point où la voie flamminienne se divise en deux branches, dont l'une conduit en Toscane, et l'autre dans la Romagne et sur les rives de l'adriatique.

Notre intention était de nous rendre à **Civita-**

Castellana où le quartier-général devait être établi le même soir. La voiture de M. Mangourit, chargé d'affaires à Naples, avait sur nous l'avance de 2 milles; nous nous hâtions de la rejoindre; lorsque nous la vîmes rétrograder; un homme à cheval, que j'ai su depuis être le Secrétaire du Commissaire-ordonnateur Buhot, s'approcha de nous et nous dit qu'il falloit nécessairement se retirer en Toscane, parce que *Ponte-Felice* était au pouvoir de l'ennemi; que le Commandant de Civita-Castellana allait faire sa retraite sur Perugia, et qu'il allait donner cet avis à l'Ordonnateur en chef, au Payeur général de l'armée et aux Autorités romaines, qui devraient se rassembler à Viterbe où le quartier-général serait obligé de s'établir.

Nous restâmes quelques instans dans l'indécision, mais la nouvelle de l'interception de la route d'Ancône était affirmée d'une manière si précise, qu'il fallut nous décider à suivre ce conseil funeste qui nous perdit.

Sur les six heures du soir nous entrâmes dans Ronciglione. La route, aux approches de la ville, était couverte de paysans enveloppés dans leurs longs manteaux bruns, et dont le regard farouche, l'attitude menaçante et le sourire amer eussent dû nous prévenir d'avance du sort qui nous était réservé plus loin.

Nous crûmes ne devoir nous arrêter que le

temps nécessaire pour faire rafraîchir nos chevaux. Nous fîmes part de nos appréhensions aux autres Français qui suivaient la même route, en les invitant à se réunir à nous, afin d'imposer par le nombre, ou d'être mieux en mesure de nous défendre, si nous étions attaqués.

Deux heures s'étaient écoulées, et ni l'Ordonnateur, ni la caisse de l'armée, ni le Consulat romain ne paraissaient. Nos incertitudes augmentaient à chaque minute, et nous commencions à regretter d'avoir quitté notre première route. Nous eussions dû rétrograder; c'était l'avis de M. Lefebvre, premier Secrétaire de la Commission de Malte, il était bien inspiré; nous eûmes le malheur de ne pas croire à ses pressentimens, persuadés qu'il y avait encore une garnison française à Viterbe, et cette considération nous paraissait décisive.

Cinq heures du matin sonnaient lorsque nous entrions dans cette ville. Quelques hommes commençaient à se répandre dans les rues et dans les places publiques; plusieurs adressèrent la parole à nos postillons, sans que nous pussions comprendre leur langage.

Notre première pensée fut de descendre à la Municipalité dont les Membres étaient restés assemblés toute la nuit, et de leur demander des détails sur la situation du pays. Tous ceux qu'ils nous donnèrent étaient rassurans. Nous vîmes dans la cour un assez grand nombre de gendarmes à cheval, et deux canons étaient placés devant la porte de l'Hôtel-de-ville.

La fatigue et la faim nous accablaient. Nous ordonnâmes à nos postillons de s'arrêter à l'auberge de la *Stufata*, où nos couriers nous avaient précédés. Ils témoignaient la plus grande répugnance à nous obéir, et nous fûmes obligés d'employer la menace pour les y contraindre. Nous prîmes nos armes et nous montâmes, pleins de sécurité, dans les chambres qu'on nous avait préparées.

En attendant le déjeûner, nous formions un cercle autour d'un grand brasier. Tout-à-coup des cris affreux se font entendre dans la rue; nous volons aux fenêtres, et nous voyons une multitude furieuse qui se précipite de toutes les rues latérales, en criant d'arrêter un cavalier qui fuyait à toutes brides. Nous nous imaginâmes que cet homme n'avait point de passeports, et que la police elle-même faisait courir après lui. C'était le commencement de l'insurrection. Bientôt notre auberge est cernée par une populace effrénée, jetant des cris effroyables et vomissant contre nous les plus affreuses imprécations. Nous voulons fermer les croisées, une grêle de pierres et des coups de fusils brisent les vitres et nous forcent à nous retirer dans d'autres chambres.

Les Français disséminés dans la ville cherchent à se rallier, et quelques-uns parviennent à gagner notre auberge.

Il serait impossible de peindre le tableau que présentait son intérieur : les femmes, demi-mortes d'effroi, se réfugiaient près de nous, la terreur passait de chambre en chambre, mille partis extrêmes étaient proposés et rejetés tour-à-tour. Que faire ? où fuir ? L'ordre du départ est donné aux postillons ; ils font de vains efforts, les chevaux sont dételés, les voitures emmenées et livrées au pillage ; ils montrent les passeports dont nous sommes porteurs, on leur répond par des cris de mort : *tuez les Français, exterminez cette race impie, viva il Dio, viva la Madona, morte a i nemici di Dio* : telles sont les seules paroles qui percent à travers le tumulte.

Notre hôte, dans le plus grand désordre, monte en se soutenant à peine, nous annonce que tous les Français sont arrêtés dans la ville, et que notre dernière heure est venue.

Il faut nous défendre, s'écrie l'un de nous, M. Saint-André, Inspecteur des transports militaires. Les armes sont portées sur-le-champ dans un cabinet sombre placé au haut de l'escalier ; Saint-André nous distribue nos postes et nous donne des instructions; les femmes sont renvoyées dans la partie la plus reculée de l'auberge, et nous jurons de ne laisser arriver à elles que sur nos cadavres.

Un espoir nous restait, c'était d'opposer une résistance assez longue pour que la Municipalité et les gendarmes que nous avions vus près d'elle, vinssent enfin à notre secours. Nous écrivons un billet pour instruire les Magistrats de notre position; M. Pinon, Génevois, jeune et courageux, officier dans l'armée romaine, parlant bien l'italien, s'offre d'aller le leur porter; il part et tous nos vœux l'accompagnent.

Pendant ce temps, notre hôte faisait boire les brigands et gagnait du temps. Nous visitions rapidement la maison, elle n'offrait nul moyen de retraite, nulle cache qui pût nous soustraire aux assassins; si les Autorités nous abandonnaient, combattre et mourir étaient notre seule ressource.

Avec quelle anxiété le Génevois était attendu; que sa courte absence nous parut longue! nous pouvions nous résoudre à mourir, mais voir massacrer sous nos yeux nos femmes, nos enfans...... non, la cruauté des hommes, le génie de l'enfer ne peuvent imaginer de supplice plus barbare que cette cruelle perspective.

Enfin, Pinon reparait, mais désespéré : on se presse autour de lui, on craint de l'interroger....

« Mes amis, nous dit-il, la Municipalité est en fuite, le peuple a désarmé les gendarmes, vos voitures sont brisées, vos effets pillés ; la fureur des séditieux est à son comble, il n'est plus de salut pour nous ». Nos postillons viennent successivement nous confirmer ces horribles nouvelles.

Dans cette épouvantable crise, nous devons le déclarer, les femmes montrèrent un courage au-dessus de toute expression ; leur résignation était déchirante et sublime ; pas de cris, pas de pleurs, elles savaient que nous avions besoin de toutes nos forces.

Saint-André avait aussi sa femme et une amie de sa femme, toutes deux jeunes et intéressantes, à défendre, et il nous excitait à nous battre jusqu'à la mort. Ce sentiment était partagé par tous ; il nous tardait même d'en venir aux mains, et d'abréger ainsi l'insupportable tourment de l'attente.

Mais une goutte de sang répandu allait en faire verser des flots : plus de grâce à espérer ni pour les femmes, ni pour les enfans, dont le sexe et l'âge pourraient peut-être désarmer les assassins.

La victoire était impossible, et il eût toujours fallu succomber sous le nombre.

Ces réflexions présentées avec chaleur par M. Mangourit, nous frappèrent, et il fut sur-le-champ résolu qu'on ferait servir le déjeûner, que les armes seraient cachées, et qu'on attendrait les événemens. Il n'était pas impossible que cette attitude arrêtât le bras des bourreaux.

Nous nous rangeâmes donc tous autour d'une longue table....... Quel repas!.....

Le tocsin sonnait sans cesse, et appelait les campagnes à partager la révolte de la ville; les cris de mort continuaient, et nous ne devions les momens d'existence dont nous jouissions encore, qu'au pillage qui occupait les brigands : le pillage nous sauva.

M. Artaud, alors l'un de mes Secrétaires nommés par le Gouvernement, et dans ces derniers temps, premier Secrétaire d'ambassade à Florence, à qui nous dûmes par la suite beaucoup de bons conseils, nous fit observer que si nous pouvions gagner une église, nous serions sauvés, et que cet asile sacré ne serait pas violé.

Cette idée devait être accueillie avec transport, c'était la dernière planche dans le naufrage. Un couvent de Cordeliers situé derrière l'auberge de la *Stufata*, n'en est séparé que par une petite place, mais elle était couverte de révoltés sous les armes...... Comment franchir ce pas périlleux? comment espérer que les moines qui n'avaient pas à se louer des procédés de nos compatriotes, voulussent nous secourir au moment où nous fuyions et où les troupes ennemies s'avançaient de toutes parts?

Le Génevois se chargea encore de se rendre près du supérieur de ce monastère, et quelques minutes après, parut le Père Martinelli. Digne homme! ton nom m'attendrit et me pénètre de respect et de reconnaissance.

» Mon Père, lui dis-je, sauvez des malheureux qui n'ont point offensé ce peuple; nous nous retirions en Toscane, employez votre influence pour qu'il nous laisse continuer notre route ».

Le Père Martinelli nous représenta que tout le pays était insurgé, qu'il n'y avait nul moyen d'évasion, qu'il ne pouvait tenter de sauver que peu d'entre nous, et nous exhortait à bien user des derniers momens, mettant notre confiance dans le Créateur. Nous le suppliâmes de se charger au moins du salut des femmes et des enfans. Il y consentit, nous dit qu'il allait faire sonner une messe, qu'il fallait qu'elles y vinssent déguisées, et qu'après, sous prétexte de les confesser, il les introduirait par la sacristie dans le couvent; qu'il n'avait que son appartement à leur offrir, et qu'en agissant ainsi, il cédait à la voix de l'humanité, plus forte que la crainte dont le caractère cruel et haineux de ses moines le pénétrait.

On ne perdit pas un instant, notre bonne hôtesse, tremblante, éplorée, mit à la disposition des dames toute sa modeste garde-robe; les habits de soie, le linge fin disparurent et firent place à l'habit de bure et au *tavolino rosso*. On ne peut trop louer le zèle et la bonté de cette femme ; on ne peut trop accorder d'estime à son mari, et nous ne devons pas séparer de lui, dans notre souvenir, son brave domestique qui, comme son maître, nous a prodigué les soins les plus désintéressés.

Le Père Martinelli nous avait quittés pour aller exécuter les dispositions dont nous étions convenus.

Peu de minutes après, la cloche donna le signal, et les dames, au nombre de six, se séparèrent de nous conduites par l'hôtesse.

M. Mangourit et moi nous courûmes à une lucarne placée sous les toits, nous suivions des yeux, le cœur glacé de crainte, les ondulations d'un peuple furieux qui s'agitait sur la place que traversaient nos malheureuses épouses : c'en était fait d'elles si elles eussent été reconnues ; un mot, un geste pouvait les trahir, et le jeune enfant de Madame Mangourit, qu'elle portait dans ses bras, ne cessait de jeter des cris qui nous remplissaient de terreur.

Enfin, elles entrent dans l'église et disparaissent à nos yeux.

Affreux moment ! Quel sera le sort de personnes si chères ? nous étions certains alors de leur avoir fait des adieux éternels, et je laissais une femme jeune, belle, à 400 lieues de sa patrie, sans soutien, sans ressources, exposée à toutes les vicissitudes du sort le plus déplorable.

Ces réflexions accablantes ne nous permettaient point de nous occuper de nous-mêmes, nous étions plongés dans la stupeur, nous ne vivions déjà plus.

De retour, enfin, près de nos compagnons d'infortune, nous les trouvâmes occupés de dispositions diverses qui s'entre-détruisaient réciproquement. Tandis qu'au milieu du trouble, ils s'occupaient de leur salut personnel, les brigands s'enivraient dans une salle basse, et préludaient par leurs cris aux scènes sanguinaires qu'ils méditaient; la révolte croissait et nos dernières espérances s'anéantissaient.

Notre hôte crut devoir nous proposer de nous déguiser à notre tour, et de prendre des habits du pays; en un instant le travestissement fut complet.

Nous avions pensé d'abord que l'armée française ne pouvait tarder d'arriver à Viterbe, nos calculs étaient fondés sur le faux avis qui nous avait déterminés à changer de route; mais il était déjà midi, rien n'annonçait l'approche de nos compatriotes, et nous ne tardâmes pas à demeurer convaincus que nous étions entièrement à la merci des insurgés.

J'étais résigné, la mort ne me paraissait plus qu'un

repos après ces orages, et j'avais recommandé à Dieu ma femme et ma fille, que je ne croyais jamais revoir.

Le Génevois tardait à rentrer, nous le jugions perdu, lorsque nous le vîmes reparaître au milieu de nous avec un air de satisfaction; il accourait nous annoncer que le peuple avait nommé un Gouverneur, et que son choix était tombé sur le Comte Zelli-Pazzaglia, qui se préparait à se rendre à notre auberge.

Cette visite nous faisait espérer que du moins nous serions transférés dans les prisons, et nous le desirions vivement, tant était grande la frayeur que nous inspirait la fureur de la multitude.

Enfin, M. Zelli arrive..... c'était un homme de cinquante ans, d'une taille médiocre, doué de la physionomie la plus respectable. Sa vue nous prévint pour lui. Vous êtes tous Français, nous demanda-t-il? » Oui, nous sommes tous Français
» voyageurs, nous nous rendions en Toscane, lors-
» que le peuple a fait fermer les portes de la ville.
» Depuis sept heures nous sommes sous le cou-
» teau; par pitié, faites-nous conduire dans une
» église, dans une prison, dans un lieu quelcon-
» que où nous ne puissions plus entendre ces cris
» horribles et cette cloche d'alarmes qui nous
» glacent d'épouvante. » — Combien êtes-vous?
— Trente, environ. — » Eh bien! le seul endroit

où vous puissiez être en sureté, c'est mon palais ; je vais vous y conduire, je réponds de vous sur ma tête, suivez-moi ».

Des offres si généreuses d'un homme qui venait d'être proclamé chef de l'insurrection, que nous savions déjà avoir été victime de vexations imméritées de la part de quelques-uns de nos compatriotes, nous inspirèrent un instant de défiance. Sa proposition, ou plutôt son ordre, fut suivi de quelques minutes de silence. » Il res- » semble à un de mes parens, s'écrie M. Man- » gourit, il doit être aussi honnête homme que » lui, je le suivrai ». Son exemple nous entraîne tous.

Nous nous mettons en route sur deux files, nous traversons des flots de populace, et ces gens qui demandaient nos têtes, nous voyant sous la sauvegarde de leur chef, s'écartent et nous saluent.

Arrivés au palais Zelli, nous y trouvâmes deux Français qui s'y étaient déjà réfugiés, et un homme que nous sûmes bientôt être le Préteur de la ville, naguères persécuteur de la famille Zelli, et qui trouvait dans son sein sureté et protection.

Le Comte nous présenta à son épouse ; nos figures décomposées et nos haillons dégoûtans étaient propres à inspirer de l'effroi. Cette dame ne vit en nous que des malheureux ; son fils s'unit à elle, et toute cette respectable famille nous combla d'attentions.

Pendant

Pendant ce temps, le Comte Zelli, ne se reposant de ce soin sur personne, parcourait la ville pour chercher les Français menacés, et les faisait successivement conduire chez lui ; à trois heures, nous étions presque tous réunis.

On servit la table : il n'y avait point de couvert séparé pour les domestiques, le malheur avait effacé toutes les nuances, et sous nos haillons, il eût été difficile de distinguer les maîtres des valets.

Le repas commençait, lorsque les cris répétés, *aux armes, aux armes,* retentirent dans tout le palais. Au même instant, il s'engagea une vive fusillade mêlée de quelques coups de canon. Un paysan vint annoncer que la porte de Rome était attaquée par un bataillon français qui venait de *Civita-Vecchia ;* son Chef, nommé Sancerno, qui, pendant quelques semaines, avait commandé la place de Viterbe, avait été arrêté le matin et pillé à un mille de la ville. Il était précipitamment retourné sur ses pas, avait pressé la marche de sa troupe pour venir tirer vengeance de l'insulte qui lui avait été faite, et délivrer, s'il était possible, les Français détenus.

L'intérieur de la maison Zelli, pendant la durée de ce combat, offrait un spectacle déplorable ; l'espérance et la crainte passaient alternativement des uns aux autres sans intervalle. Les Français seuls étaient présumés faire usage de l'artillerie : le canon grondait-il, la famille Zelli invoquait notre protection pour la ville et pour elle ; si le tocsin redoublait et annonçait ainsi que les révoltés gagnaient du terrain, c'était à notre tour à invoquer la générosité de nos hôtes..... Dès ce moment nos destinées furent unies indissolublement.

Un ecclésiastique s'était jeté au-devant des insurgés et avait déployé un mouchoir blanc, en signe de paix ; le peuple le força à se retirer, en le menaçant de le tuer. Cet homme courageux se nommait *Vincenzo-Parentati*, chanoine de l'une des collégiales de Viterbe, et Secrétaire du Comte Zelli.

Le combat continuait avec acharnement. Enfin, les Français n'étant qu'au nombre de 150 hommes, se virent forcés à la retraite, et ces coups de canon qui nous faisaient tressaillir de joie, étaient tirés par nos ennemis qui s'étaient emparés des pièces déposées à la Municipalité.

Cependant des hommes furieux se transportèrent au palais Zelli. Les domestiques effrayés accoururent nous avertir de songer à notre salut, croyant que c'était à nous que les brigands en voulaient.

Que devenir, que résoudre ! les têtes étaient perdues. Nous courions de chambre en chambre, chacun cherchait une cachette, et j'étais grimpé, je ne sais trop comment, sur le faîte d'une grande bibliothèque.

Saint-André, toujours avide de batailles, nous faisait prendre les couteaux de la table pour nous défendre, ou pour nous tuer nous-mêmes, plutôt que de tomber entre les mains de la multitude.

Madame Zelli se tenait dans la première pièce, dans l'intention d'essayer de contenir par sa présence les révoltés, qui avaient pour elle et pour sa maison le plus grand respect. Cette alarme était fausse; le peuple voulait des armes, il en cherchait par-tout, et il ne pensait pas, dans le moment où l'attaque des Français l'occupait tout entier, aux ôtages dont il s'était assuré le matin.

Les Français passèrent la nuit au couvent de Gradi, à une lieue au-delà des murs. Nous nous flattâmes en vain de l'espoir de les voir revenir le lendemain matin, ils se retirèrent dès la pointe du jour.

Il nous tardait d'avoir des nouvelles du couvent où les dames étaient réfugiées; nous hésitions à confier à M. Zelli le secret de leur asile.... Ce fut la dernière fois que nous en eûmes pour lui.

Son cocher, le brave *Gaëtano*, se chargea de nous informer de l'état des choses. De retour, il nous apprit que tout était calme dans cette maison, que seulement, pendant la fusillade, le Père Martinelli avait été en proie à des frayeurs mortelles, redoutant la vengeance des Français, et l'exaspération de la multitude, si elle découvrait la retraite qu'il avait accordée à des femmes étrangères. Ce bon Père avait également sauvé trois gendarmes romains, objet de l'exécration publique, et c'en était fait de son couvent et de sa vie, s'ils eussent été découverts.

Après une aussi cruelle journée, nous avions besoin du repos, ou de la solitude, qui tient si souvent lieu de repos aux malheureux. Nous nous retirâmes dans nos chambres, elles étaient préparées avec tout le soin que comportaient notre nombre et les circonstances.

Toute la nuit, la ville fut illuminée, couverte de patrouilles, et le tocsin ne cessa pas de sonner. De temps à autre on entendait des coups de fusil sur les remparts.

Giovanni Scrofi, avocat des pauvres, et un abbé, que l'on avait surnommé le philosophe, étaient venus nous voir le soir même de notre arrestation. Ces deux excellens citoyens ne voulurent pas nous quitter de la nuit, et ils la passèrent sur les banquettes de l'antichambre, afin d'être à portée d'imposer au peuple, s'il se présentait dans de mauvais desseins.

La matinée du lendemain fut assez tranquille, les révoltés étaient occupés à fortifier leurs postes.

Tout le pays environnant était soulevé, et envoyait des détachemens dans la ville. Les bruits les plus affreux se succédaient; c'était toujours des partis de l'armée française mis en déroute, des Français massacrés; le carnage, disait-on, avait été horrible à Montefiascone et à Aquapendente. Ces nouvelles étaient exagérées; quelques-uns de nos compatriotes avaient péri, mais plusieurs avaient dû la vie à l'Evêque de cette dernière ville, Paolo Bartholi.

Dans le courant de la journée, nous reçûmes des nouvelles des dames; elles nous annonçaient qu'elles jouissaient d'une bonne santé, et que leur libérateur avait pour elles les soins les plus délicats.

Sur le soir, le tocsin se fit entendre de nouveau, on avait cru appercevoir une colonne française.

Pendant ce temps, la ville s'organisait, les gens honnêtes avaient reconnu toute l'importance de s'emparer des affaires et de comprimer l'anarchie qui menaçait les propriétaires d'un pillage prochain. Nous suppliâmes M. Zelli de ne refuser aucune commission. Il suivit nos conseils, et les proscrits ont eu dès lors une part indirecte, mais assez considérable, au gouvernement du pays Viterbois.

Nous respirions un peu, mais nous n'étions pas sans défiance. Ce jour-là même, nous eûmes un moment d'une vive inquiétude. Le confesseur de la maison, homme grand, sec, à figure austère et blême, traversait un salon où nous étions rassemblés; surpris, il s'arrête, et d'un air d'humeur dit à l'un de nous qu'il croyait sans doute italien, *che fate di questa gente*, et sans attendre de réponse, passe dans l'appartement de Madame Zelli.

Ces paroles nous firent appréhender qu'il n'usât de son influence sur sa pénitente pour nous nuire. Nous ne nous sommes pas apperçus que nos craintes aient été fondées.

Le calme dont nous venions de jouir et dont nous avions si grand besoin, ne devait pas être de longue durée. Le 9 au matin, le bruit se répandit parmi la populace, que les gendarmes romains s'étaient sauvés pendant la nuit, après avoir encloué les canons et enlevé le battant de la cloche d'alarme. Ces nouvelles absurdes pouvaient être facilement démenties; en vain M. Zelli montrait-il les canons aux plus mutins, en vain le tocsin ne cessait-il de sonner, rien ne pouvait satisfaire ce peuple frénétique, il fallut relever les postes, emprisonner l'officier de service à l'Hôtel-de-Ville, et destituer le Commandant de la garde nationale.

Il avait déjà mérité le ressentiment des insurgés, en arrachant de leurs mains le sieur Fabre, troisième Secrétaire de la Commission de Malte, au moment où ils allaient le massacrer.

Pendant ces mouvemens, dont nous étions instruits de demi-heure en demi-heure, nous étions dans les plus vives appréhensions : le peuple savait que les gendarmes étaient cachés dans le couvent du Père Martinelli, sa vengeance pouvait l'y conduire ; et que seraient alors devenues nos malheureuses femmes ?

Vers midi, le peuple se transporta en tumulte à l'Hôtel-de-Ville, somma M. Zelli de s'expliquer sur les motifs qui l'avaient déterminé à donner asile aux Français, et demanda qu'on les mît à sa discrétion. Ce ne fut pas sans peine que ce digne homme parvint à les appaiser, en leur faisant considérer qu'en cas de nouveaux succès de l'armée française, la fortune avait fait tomber entre les mains des Viterbois des ôtages précieux.

Nous le déterminâmes à diviser la force armée en quatre sections, et à mettre à la tête de chacune d'elles des hommes sûrs qui seraient subordonnés à son fils.

Sur les 7 heures du soir, nous reçûmes la visite du Père Martinelli; ce vénérable religieux venait nous engager à aller nous assurer par nous-mêmes de la manière dont nos dames étaient traitées. Le voyage était périlleux, il fallait traverser toute la ville, mais il m'était difficile de résister à la proposition qui m'était faite. M. Saint-André et moi nous affublâmes du manteau italien, prîmes des chapeaux blancs, et suivîmes le Père.

Les rues étaient remplies de paysans armés qui

forçaient les habitans à illuminer la façade de leurs maisons. Nous marchions doucement, sans souffler un seul mot., et filant le long des murailles ; le Père Martinelli répondait pour nous aux *qui vive* multipliés. Le couvent était à l'autre extrémité de Viterbe.

Nous tournions le coin d'une rue, lorsqu'un coup de fusil fut lâché, la balle siffla à nos oreilles ; le bon Père frémit et s'arrêta, son mouvement me troubla, je ne sais comment je me séparai de lui et me mis à cheminer dans une direction opposée; deux hommes me précédaient, je crus que c'était notre conducteur et M. Saint-André ; je hâte le pas, j'arrive près d'eux.... quelle est ma terreur en reconnaissant deux paysans armés! *Chi viva?* s'écrièrent-ils, en s'arrêtant; *amico*, répondis-je avec le plus de hardiesse possible. Ils continuèrent leur chemin.

Je me trouvais seul, dans l'obscurité, au milieu d'une ville soulevée contre nous, et dont je ne connaissais pas les rues, sans pouvoir m'informer de mon chemin à qui que ce fut. Comment atteindre le couvent, ou retourner au palais Zelli; comment échapper aux patrouilles et aux corps-de-garde!

J'étais immobile d'épouvante. Enfin j'apperçus un fanal à l'extrémité d'une rue, je me dirigeai au hasard vers sa lumière, et par un bonheur inespéré, je retrouvai le Père Martinelli qui me cherchait, inquiet sur mon sort. Saint-André s'était attaché à sa robe, j'en fis autant, et nous nous serions laissés assassiner dans ses bras plutôt que de le quitter.

Nous étions enfin sur la place du couvent, derrière l'auberge de la *Stufata*, lorsque nous vîmes une forte patrouille s'avancer vers nous. *Ritornamo*, disait Saint-André. *Ancora un poco*, répondait notre incomparable ami. La troupe était près de nous, nous voulions courir, il nous arrête et nous force à marcher à pas lents. Après nous avoir conduits vers un angle obscur de la place, et s'être bien assuré que nous n'étions apperçus de personne, il nous fait passer par-dessous une porte non fréquentée, et nous nous trouvons dans un vaste corridor. A peine avons-nous fait quelques pas, qu'une petite porte s'ouvre, et nous sommes dans les bras de nos femmes.

Nous jouissions d'un bonheur que nous étions, deux jours auparavant, bien éloignés d'espérer, nous vivions tous, et nous étions réunis, au moins pour quelques instans.

Leur appartement se composait de trois pièces; la première, assez grande, était celle où l'on passait la journée, et les dames couchaient dans les deux cabinets de droite et de gauche. Elles étaient six, avec un enfant, et elles n'avaient, pour trois, qu'un petit lit où elles se reposaient alternativement.

Le Père Martinelli avait pour elles les bontés les plus touchantes, et gémissait de ne pouvoir faire mieux. Sa délicatesse était extrême, et lorsqu'il avait quelque chose à leur porter, il n'entrait jamais dans leurs chambres qu'à reculons.

Les trois gendarmes se réunissaient aux dames à l'heure des repas : ils pouvaient attirer sur elles le sort funeste dont la haine générale les menaçait eux-mêmes, et leur présence était un sujet continuel de terreur.

Ces détails nous déchiraient l'ame, et nous pénétraient de reconnaissance pour le bon religieux.

M. Zelli, fils, vint au couvent au moment où nous y étions, avec l'un de ses cochers, l'intrépide et fidèle Gaëtano. Il pressa ma femme de venir habiter avec nous l'appartement que j'occupais dans le palais de son père; elle s'y refusa constamment, ne voulant pas se séparer de ses compagnes d'infortune. J'étais désolé de son refus, mais je l'admirais et ne pouvais le combattre.

Le Gouvernement provisoire avait voulu savoir le nom et la qualité des dames réfugiées au couvent; elles se firent passer, les unes pour Allemandes, les autres pour Suisses, toutes de la suite de Madame Rusca, Milanaise : Madame Rusca était Madame Saint-André.

Le temps s'écoulait rapidement dans ces entretiens. Il fallut, hélas! bientôt se séparer et regagner notre asile. M. Zelli fils voulut être lui-même notre guide, et il alla reconnaître l'état des choses.

Le Père Martinelli avait commis une grande imprudence en sortant aussi tard ; l'*Angelus* sonné, l'usage veut, en Italie, qu'aucun moine ne paraisse en public.

Nous sortîmes par le même corridor, et traversâmes la ville, en répétant, d'une voix peu assurée, le refrein de chansons qu'entonnait à pleine voix le courageux et robuste Gaëtano.

Le tocsin avait cessé, nous étions plus rassurés sur le sort de nos épouses, et il nous fut enfin permis de passer une nuit assez paisible.

Durant les trois jours qui suivirent, il n'y eut rien de remarquable, si ce n'est l'emprisonnement de quelques personnes distinguées, et suspectes à la populace.

Le Père Martinelli, peu riche, avait épuisé ses ressources, et pour secourir ses prisonnières, n'avait pas compté avec lui-même. Nous savions son embarras, et nous voulions en vain dissimuler le chagrin profond qu'il nous causait. M. Zelli en pénétra la cause, et au moment où nous nous y attendions le moins, il ramena dans sa voiture toutes les dames, qui, depuis, ne se séparèrent plus de nous.

Notre situation comparée à ce qu'elle était les jours précédens, pouvait passer pour heureuse, le péril semblait s'éloigner, et le peuple se calmer, au moins par lassitude. Le caractère français reprenait le dessus, nos entretiens étaient souvent bien plus vifs et bien plus gais que ne le comportait notre situation. Mais un matin, nous fûmes arrachés à notre sécurité renaissante par des cris affreux qui partaient de la place de l'Hôtel-de-Ville. M. Zelli s'empressa de venir nous rassurer, en nous apprenant que le peuple célébrait, par ces démonstrations tumultueuses, la destruction des emblêmes français.

Le soir du même jour, on lut solennellement une proclamation du Roi de Naples, et les cris de *viva il Re di Napoli*, l'accueillirent avec transports.

Il faut maintenant que je fasse connaître l'intérieur de notre retraite et nos occupations journalières.

Les prisonniers habitaient une aîle entière du palais Zelli; M. Mangourit et moi, nous avions chacun, avec nos épouses, un appartement séparé et fort décemment meublé; nos autres compagnons d'aventures étaient rassemblés dans trois chambres, à la suite l'une de l'autre.

On passait la plus grande partie de la matinée chez soi, puis l'on se réunissait, deux heures avant le dîner, dans une chambre commune. Nous mangions tous ensemble, et le soir, il y avait assemblée dans l'appartement de Madame Zelli.

Cette dame instruite, et parlant sa langue avec l'accent romain et la pureté toscane, avait une conversation pleine de douceur et d'intérêt. Nous l'appelions tous notre mère, et elle nous honorait du nom de fils. Jamais, sans doute, mère ne mérita plus d'amour et de respect.

Nous étions un objet de curiosité pour toute la haute société de la ville, et nous recevions un assez grand nombre de visites. Parmi ceux qui étaient les plus assidus à nos petits cercles, nous distinguions M. le chevalier Polci, officier au service de Bavière, et maintenant aide-de-camp du prince royal; il était décoré de la croix de Malte, et ne la portait pas, croyant que cette marque distinctive choquerait nos *principes républicains*. Un certain marquis, S...., Napolitain, et qui, dans cette circonstance, jouait un rôle peu délicat, se faisait remarquer, entre *tous*, par *ses innombrables ridicules* : c'était un véritable *Tulipano*.

Mais un de nos plus doux plaisirs était d'entendre de la musique. Ma femme et Madame Saint-André chantaient des airs italiens, Madame Mangourit avait adopté la romance, et Madame Fellaporte, jeune et jolie Languedocienne, faisait retentir, avec son accent original et charmant à-la-fois, les airs vifs et gais de son pays.

Mais combien de soupirs s'élançaient vers la France! Dans quelle tristesse profonde me plongeait le souvenir de ma fille et des amis que j'avais laissés dans ma patrie! D'autres fois nous jouions au brigand: c'était un jeu de l'invention de l'un de nos aimables compatriotes, M. Charles Perrot, qui, arrivé de Malte avec M. Regnaud de Saint-Jean-d'Angely, se dirigeait vers la France, lorsqu'il fut, comme nous, arrêté par les Viterbois et sauvé par le Comte Zelli.

Il était difficile d'être meilleur pantomime. Sa physionomie prenait tous les masques, et sous celui de brigand révolté, il nous retraçait avec une vérité singulière les figures effroyables qui nous avaient tant épouvantés.

Notre position exigeait une extrême prudence. On créa un Directoire, dont les membres étaient MM. Mangourit, Artaud et moi ; c'est à ce Directoire imposant que l'incomparable Comte venait rapporter les délibérations du Gouvernement provisoire, et demander des conseils. Certes, les révoltés étaient bien loin de croire qu'ils étaient souvent dirigés par leurs prisonniers.

Nous avions aussi nos ministres: un prêtre français, déporté, avait le porte-feuille des relations extérieures. Nous lui avons dû la restitution de quelques-uns de nos effets, et c'est lui qui recevait du *ministre des finances* les modiques fonds dont il allait acheter nos déjeûners.

Ce prêtre se nommait Étienne Salles, natif de Montpellier, homme recommandable, et qui, au péril de ses jours, tenait caché dans sa cellule chez les moines où il vivait réfugié, et nourrissait de sa chétive portion trois soldats français malades, que le peuple avait voulu égorger dans l'hospice militaire. Nous eussions ignoré cette belle action, si le hasard ne nous en eût procuré la connaissance.

Nous souhaitions vivement de voir le terme du Gouvernement populaire. Les magistrats nouveaux perdaient chaque jour de leur crédit, notre unique sauve-garde. Notre vœu était de devenir les prisonniers d'une force régulière; tous les gens de bien desiraient qu'un corps d'armée quelconque vînt occuper la place, et ils eussent appelé les Français, comme ils ont appelé les Napolitains, s'ils se fussent présentés les premiers : l'état d'anarchie où flottait la ville était intolérable.

Nous avions plusieurs fois vainement tenté de faire parvenir de nos nouvelles, soit à nos Ministres en Italie, soit au quartier-général. Nous gémissions des inquiétudes où nos familles devaient être plongées; et nous sûmes, à notre retour en France, que le bruit de ma mort et de celle de ma femme avait été répandu par les feuilles périodiques, avec des détails épouvantables.

M. Zelli, toujours industrieux quand il s'agissait de nous servir, avait fait venir un homme qu'il croyait sûr.

Il nous proposa d'envoyer l'un de nous à Florence avec ce guide, et apporta en même-temps un passeport pour lui et pour un domestique sous le nom duquel M. Edouard Lefebvre, premier Secrétaire de la commission de Malte, et, il y a quelques mois, Chargé d'affaires à Rome, consentit à partir.

Il fut convenu que le même soir la porte de Florence serait confiée à une garde d'élite; que sous prétexte de visiter les postes, le Comte Zelli et Jules, son fils, s'y trouveraient à l'heure convenue, et qu'à trente pas de la ville, il se trouverait une chaise de poste toute attelée.

Ces dispositions furent fidèlement exécutées. Arrivés au corps-de-garde, M. Zelli demande le passeport, le trouve régulier, et ordonne qu'on laisse passer. Jusque-là tout allait bien, lorsqu'un homme ivre propose de faire descendre les voyageurs pour les interroger. Ce n'est pas sans peine que M. Zelli parvient, en répondant d'eux, à les faire remettre en liberté. Ses ordres donnés avec assurance, et appuyés par les vigoureux coups de poing de Gaëtano, lèvent tous les obstacles.

A cinquante pas de la ville, la voiture est encore arrêtée. M. Zelli, qui l'avait suivie, se trouve là, et sauve notre pauvre camarade.

Mais, nouveau malheur, un peu plus loin, la voiture verse dans un fossé, l'un des chevaux se casse la jambe, le postillon crie au secours : en un instant, voilà nos deux fugitifs environnés d'une nuée d'officieux munis de lanternes.

Il faut un autre cheval; Gaëtano vole à la poste. Après une mortelle demi-heure, la voiture reprend sa route et disparaît.

Le récit de ces détails nous fit frémir : un mot pouvait perdre notre ami, détruire toutes nos espérances, ruiner l'influence du Comte, et nous exposer à une mort affreuse.

Le reste du voyage de M. Lefebvre fut semé d'aventures assez tristes; il fut heureux de n'être que dépouillé par le guide qui avait surpris la bonne foi de M. Zelli.

J'ai omis de dire qu'un Commissaire des guerres et un fournisseur romains avaient, comme nous, dû la vie à notre libérateur. Le peuple exécrait sur-tout le dernier, et menaçait de brûler le palais et de s'emparer de tous les Français, si on ne le lui livrait pas.

Il n'était pas juste que le salut de tous fût compromis pour un seul, M. Zelli les fit évader tous deux pendant la nuit, déguisés en prêtres. Ils étaient du pays, et pouvaient aisément trouver une autre retraite.

Ces deux hommes cherchèrent par la suite à perdre celui qui s'était conduit envers eux avec tant de générosité.

Les domestiques du Comte Zelli étaient dignes de leur maître. Il n'en est pas un qui ne nous ait prodigué les soins les plus constans, quoiqu'ils sussent que nous étions hors d'état de les récompenser.

Quelques heures après le départ de M. Lefebvre, l'un d'eux vint me prévenir que dans la boutique d'un nommé Petrucci, perruquier, notable d'importance parmi la multitude, on avait comploté de nous assassiner dans la nuit même. Il annonçait cette nouvelle d'une manière si affirmative, que nous crûmes devoir en prévenir M. Zelli. Il redoubla de surveillance, et la nuit fut calme.

Je n'oublierai pas un trait du brave Gaëtano dont j'ai déjà parlé plusieurs fois. Nous soupions; M. Mangourit était placé à côté de moi. Voulant lui faire part de quelques réflexions, je me penchai à son oreille, mais m'appercevant que Gaëtano était derrière nous, je me relevai brusquement. Gaëtano vit ce mouvement, et me prenant par le bras, me dit tout bas, avec énergie et les larmes aux yeux : *Excellenza, parlate, io non sono proditore.* Ces paroles me pénétrèrent d'attendrissement, et je rougis de ma défiance.

Ce même Gaëtano retira chez sa femme, au moment de la révolte, deux Français et l'épouse de l'un d'eux.

Le lendemain matin, m'étant levé à la pointe du jour, selon mon usage, j'apperçus à travers les jalousies un sous-officier napolitain environné de quelques soldats et d'une foule assez considérable qui l'écoutaient avec la plus grande attention, et paraissaient consternés. Nous n'avions pas entendu dire que les Napolitains se fussent approchés de la ville, on n'avait point commandé de logemens, préparé de vivres, et cette apparition subite me semblait inexplicable. Quoiqu'il en fût, je prêtai une oreille attentive, et je compris que ce sous-officier racontait la défaite d'une colonne napolitaine à Caprarola, où les Français l'avaient dispersée, en lui tuant beaucoup de monde, et en lui enlevant ses pièces de canon : c'était l'affaire où le Prince de Saxe fut blessé: deux ou trois cens soldats s'étaient ralliés et réfugiés à Viterbe pendant la nuit ; ils se plaignaient tous de leur extrême misère, ils n'avaient rien trouvé pour se nourrir pendant deux jours entiers.

On pense bien que je ne perdis pas une minute pour annoncer cette nouvelle aux prisonniers, et elle contribua à rendre plus agréable la petite fête que nous nous étions proposés de donner le soir à Madame Zelli, notre respectable et tendre mère adoptive.

Le *Ministre des finances* eut ordre de lever une contribution rigoureuse sur toutes les bourses, et on parvint, avec de grands efforts, malgré la bonne volonté des contribuables, à rassembler douze piastres d'Espagne.

M. Perrot fut nommé le directeur de la fête. Le portrait de notre bienfaitrice, environné de guirlandes et d'inscriptions, dont la sensibilité avait fait tous les frais, un thé modeste, quelques douzaines de bougies *coupées en deux*, tel était tout l'appareil de cette soirée mémorable; elle n'en fut pas moins intéressante. Nos libérateurs furent touchés des sentimens de respect et de reconnaissance que nous tâchions de leur exprimer avec énergie, et tels que nous les éprouvions.

Les trois soldats français cachés dans la cellule de notre bon abbé Salles, ne pouvant se réunir avec nous, nous leur fîmes passer quelques piastres, et ils nous envoyèrent, en échange, des remercîmens à la française, je veux dire une chanson, pleine d'esprit et de naïveté, sur l'air: *la bonne aventure, ô gué!* Elle fut répétée dix fois dans la soirée.

Les Napolitains arrivés la veille se retirèrent

pendant la nuit. Une estafette annonça qu'ils seraient remplacés le lendemain par un corps de 3,000 hommes commandés par un Brigadier. Une première avant-garde entra le soir même dans la ville, et nous reçûmes la visite des officiers qui devaient passer la nuit sous le même toit que nous.

Nous ignorions les succès de notre armée, et les récits ridicules, exagérés ou faux, dont nous étions étourdis, nous indignaient et nous accablaient de douleur.

Nos officiers étaient persuadés que sous deux mois ils seraient à Paris. Selon eux, Bologne, Ferrare, Milan même, étaient déjà au pouvoir de l'Empereur, et M. le Général Mack allait bientôt réunir les troupes napolitaines aux troupes impériales, pour agir désormais ensemble.

La populace était transportée d'alégresse; les gens instruits et prévoyans dissimulaient leurs alarmes, ils savaient que ces troupes n'étaient que de misérables restes de l'armée royale, que les Français les atteindraient bientôt; et ils redoutaient le châtiment que la ville avait attiré sur elle, en secondant si imprudemment les desseins de leurs ennemis. Les rues étaient ornées de feuillages et de tapisseries. Placés derrière les jalousies de nos appartemens, nous contemplions ces apprêts triomphaux. Enfin, sur les trois heures après midi, nous vîmes défiler la colonne : c'était un ramas de recrues mal exercées, mal vêtues, marchant sans ordre au son d'une musique discordante et lugubre. Les officiers autrichiens faisaient pleuvoir une grêle de coups de bâton sur les larges épaules des conquérans futurs de la France, pour les forcer à tenir leurs rangs serrés.

Cet événement devait, selon toutes les apparences, apporter du changement dans notre situation.

Sur les six heures du soir, nous trouvant tous réunis à jouer, dans l'appartement de Madame Zelli, à une espèce de loto appelé la *tombola*, nous entendîmes tout-à-coup un grand bruit dans l'antichambre ; la porte du salon s'ouvre, et nous voyons entrer un petit homme blond, vêtu de bleu, portant des boutons fleurdelisés, et une aiguillette d'or sur l'épaule gauche. « Où sont les officiers français, dit-il ? » — Il n'y a point ici, Monsieur, répondis-je, d'officiers, mais des Français, les uns agens politiques, les autres employés dans les administrations militaires. — « Vous êtes tous mes prisonniers. » — Nous nous en félicitons. M. l'officier veut-il s'asseoir à la tombola ? — « Ce n'est pas le cas de plaisanter ». — Nous pensons, Monsieur, que ce n'est pas vous offenser que de vous prier de faire la partie de ces dames, reprit M. Artaud. Nous vous attendions avec impatience, il devenait trop cruel de rester si long-temps à la discrétion d'un peuple capricieux et barbare, et de causer la ruine de la famille à laquelle nous devons la vie. — « Vous ne m'avez pas toujours desiré. » — Il y a temps pour tout, répondis-je à mon tour; notre intention, Monsieur, était d'écrire à M. le Général Acton, et même au Roi. — « Ce n'est ni au Roi, ni à M. le Général Acton, qu'il faut écrire, c'est à M. le Général Mack, dont j'ai l'honneur d'être Aide-de-camp. » — M. l'Officier voudra donc bien se charger de nos réclamations? Nous sommes agens politiques, M. Méchin et moi, dit M. Mangourit, et il me semble que, sans attenter au droit des gens, on ne peut nous constituer prisonniers. — « C'est égal. » — Nous espérons qu'il nous sera permis au moins d'écrire à notre Gouvernement, pour l'instruire de notre sort. — « Tous les Gouvernemens sont ingrats, Messieurs, dit le Major d'un air morose »; puis, prenant un ton demi-gracieux, « j'aimerais mieux servir Madame que voilà, en montrant ma femme, que Sa Majesté Sicilienne. Pour quoi nous battons-nous? *pour peu de gloire,* ajouta-t-il, en voulant dire, sans doute, pour un peu de gloire. » — Je ne pus me contenir, et ne résistai pas à l'envie de lui répliquer qu'il devait être très satisfait. L'injure était grossière, il ne s'en apperçut pas. — « Ces dames voyent que je me comporte *bravement,* et que je ne suis ni *z'houzard,* ni *z'houlan* ; si j'eusse fait ces Messieurs prisonniers sur le champ de bataille, j'aurais des droits acquis sur vous, Mesdames, et je les ferais valoir ». Enfin, après d'autres propos pareils, et qui, assaisonnés d'innombrables germanismes, rendaient la conversation fort originale, M. le Major termina en disant que le Général BONAPARTE faisait grand cas de lui, et qu'il avait eu l'honneur de le voir à Udine, où il avait eu une part importante aux travaux de l'état-major général. Ce Major autrichien se nomme M. le Baron de R.....z.

Quelques semaines après l'époque dont j'écris l'histoire, je me trouvai dans le cas de donner à dîner, sur les bords du Garigliano, à M. le Général Mack, alors prisonnier, et je ne pus me dispenser de lui dire que nous n'avions pas toujours eu à nous louer de M. de R....z. Le Général m'apprit qu'il avait laissé ce M. R....z à Naples, dans une position très fâcheuse, qu'il courait risque d'être la victime de la fureur populaire; et il ajouta spirituellement que, venant de faire une si grande épreuve de la générosité française, il me choisissait de préférence, pour me recommander M. R....z, puisque j'avais eu à me plaindre de lui. Arrivé à Naples, je m'informai du sort de cet officier, et l'on m'assura qu'il avait trouvé le moyen de s'échapper dans un *Speronare* maltais.

Après que nous eûmes tous, hommes et femmes, remis à M. le Major l'engagement écrit et signé de ne pas chercher à nous évader, il nous quitta, nous laissant fort inquiets du sort qu'il nous préparait : nous avions pour perspective la reclusion dans quelque prison d'état, où notre détresse nous eût laissés à la générosité de la *Cour des Deux-Siciles*, pour nos besoins les plus pressans ; il eût été douteux même que nous y fussions en sureté.

Nous remîmes nos réclamations à M. le Baron de R....z, et nous reçûmes de lui, le lendemain, l'assurance que si la *colonne napolitaine* évacuait la ville, nous la suivrions.

Pendant le peu de temps qu'a duré le séjour des troupes napolitaines à Viterbe, nous eûmes à nous défendre constamment contre des vexations sans cesse renaissantes. J'avais eu le bonheur de sauver de très belles armes que le Gouvernement m'avait fait donner à la manufacture de Versailles ; il nous restait quelques débris de nos voitures, débris bien précieux dans le cas où nous eussions été forcés à des marches nouvelles. Quelques-uns de nos camarades n'avaient presque point souffert du pillage. Ces restes échappés aux brigands tentaient quelques Napolitains, et il fallait tous les jours subir de nouvelles visites, que nous sûmes rendre vaines, à force d'adresse et de prudence.

Le Commandant de la colonne était M. le Marquis C....ni, Brigadier. Nous n'eûmes point l'honneur de le voir; mais les détails que nous recueillîmes sur son compte, sont loin de le peindre comme un homme recommandable.

Sans égard pour la naissance, le rang, les vertus de M. Zelli, il ne cessa de l'accabler de mauvais traitemens; il s'oublia au point de lui dire qu'il avait eu tort de s'intéresser à notre sort, et que le peuple n'eût fait qu'user d'une vengeance légitime, en égorgeant tous les Français qui lui étaient tombés entre les mains.

Tous les ordres adressés à notre digne Comte, en sa qualité de premier magistrat de la ville, étaient accompagnés de menaces humiliantes. M. le Major R....z imitait M. le Brigadier C....ni, et ils étaient dignes l'un de l'autre.

Je ne puis me décider à ne pas consigner deux anecdotes qui prouveront toute la sagacité de ce dernier.

M. Lefebvre, après un voyage très périlleux, était arrivé à Florence, mais il n'avait pu nous faire passer ni argent ni nouvelles. Le hasard le servit mieux, lorsque nous fûmes, dans Viterbe, à la discrétion des Napolitains.

Un courrier qu'il nous expédiait, fut arrêté aux portes de Florence et conduit au quartier-général. M. le Brigadier C....ni fut extrêmement scandalisé de ce que M. le Comte Zelli avait des relations avec un Ambassadeur français, et ordonna à l'un de ses officiers de lui porter le paquet qui était à son adresse, en lui signifiant qu'il voulait qu'il lui rendît compte sans délai de son contenu.

M. Zelli, frappé de stupeur à la vue de ce message, profita d'un moment où son officier se promenait dans ses appartemens, pour venir en délibérer avec nous. Le paquet renfermait trois lettres, l'une de l'Ambassadeur qui remerciait notre respectable hôte de ses soins généreux; la seconde était pour nous, et contenait des paroles de consolation; la troisième, écrite par M. Lefebvre, nous donnait des détails précieux sur la position et les succès de l'armée française: c'était cette dernière qu'il importait de dérober à la vue du Brigadier; M. Zelli redoutait qu'il ne s'apperçût du vide qu'elle laisserait dans l'enveloppe, si on la supprimait; il fut résolu qu'il remettrait la lettre de l'Ambassadeur qui lui était personnelle, avec celle qui nous appartenait, et que nous anéantirions celle de M. Lefebvre. Le Napolitain ne s'apperçut point de notre expédient; mais voulant donner un échantillon de sa finesse, il montra d'un air triomphant, à M. Zelli, le *post-scriptum* de la lettre où M. Rheinard lui disait, *continuez à avoir soin de vos intéressans prisonniers*, voulant par-là lui prouver qu'il avait tort de prétendre faire valoir pour M. Mangourit et pour moi notre caractère politique, puisque notre Ministre lui-même nous appelait prisonniers. M. Zelli sourit de pitié et se retira.

La nuit suivante devait faire encore éclater plus solennellement l'intelligence et la justesse d'esprit de M. le Brigadier. A onze heures du soir, la générale bat dans la ville, le tocsin sonne, l'alarme se répand par tout, les soldats courent à leurs postes, les canons sont braqués, nous nous attendons à de grands événemens, et notre terreur est pour le moins égale à celle des citadins; la nuit entière se passe dans les plus vives anxiétés. Enfin, M. Zelli nous apprend, le matin, que tout ce vacarme avait eu lieu à l'occasion du courrier des dépêches d'Espagne revenant de Rome, que sur le *chi viva* de la première sentinelle, cet homme avait répondu *corriere di Spagna*; que la sentinelle, ayant cru entendre *cavaleria di Spagna*, avait prévenu l'officier du poste, qui avait envoyé à grande hâte réveiller M. le Marquis C....ni, lequel avait pensé que les alliés de la République insultaient déjà ses postes. Il était assez bizarre de supposer dans cette affaire de la cavalerie espagnole.

L'espoir de notre prochaine délivrance croissait de jour en jour. Les nouvelles que nous avions reçues de M. Lefebvre, celles qui parvenaient à M. Zelli, l'abattement des Napolitains, enfin leur retraite successive, tout nous certifiait que nous touchions au terme de notre captivité.

M. le Brigadier C....ni ne laissa que 400 hommes dans la place, et pour Commandant un vieux Suisse, homme foible, mais plein d'honneur et d'humanité.

Pour concentrer ses moyens et cesser de nous fournir une garde, il donna l'ordre que tous les Français prisonniers fussent rassemblés à l'auberge royale, où il demeurait lui-même.

Cette injonction nous désespérait, et ce ne fut qu'avec une peine extrême que M. Zelli obtint que les hommes mariés restassent seuls chez lui avec leurs femmes.

Il fallut nous séparer, notre douleur réciproque fut vive; le malheur avait établi entre nous tous une liaison intime et une sorte de solidarité de fortune.

Le Commandant nous prévint qu'à dater du jour de notre arrestation par M. le Major, nos dépenses étaient à la charge du Roi de Naples, qui accordait à chacun *huit paoli fini* par jour, sans distinction de maîtres ou de domestiques.

Dans la même journée, M. le Major R.....z revint à Viterbe, qu'il quitta après y avoir dîné, sans nous donner aucune réponse à nos réclamations, et sans nous emmener avec lui, comme il l'avait promis, ce qu'au surplus nous redoutions extrêmement depuis que nous savions que la fortune des Français avait changé de face.

Des 400 hommes restés dans la ville, 300 étaient déjà partis, et cent seulement restaient, sous le commandement d'un Lieutenant-Colonel, lorsque nous reçûmes la visite de Monsignor Paolo Bartoli, Evêque d'Aqua-Pendente.

Ce Prélat, à qui tant de Français avaient dû la vie au moment où l'insurrection avait éclaté dans son diocèse, nous confirma toutes les bonnes nouvelles que nous avions apprises.

Nous reçûmes ce vénérable Evêque avec le respect et la reconnaissance que nous lui devions, nous le suppliâmes d'agréer, comme un témoignage de l'un et de l'autre, une déclaration des services qu'il avait rendus à nos compatriotes. Il ne céda à nos instances que dans l'espoir que cette pièce pourrait peut-être un jour l'aider à obtenir de l'armée française le pardon des peuples confiés à ses soins.

Nous devions naturellement croire que l'officier napolitain laissé dans la place avec un détachement foible, à la vérité, mais qui suffisait pour diriger les mouvemens militaires de la ville, s'emparerait de toutes les forces; et il lui était d'autant plus facile de s'en rendre maître, qu'il eût été secondé par tous les bourgeois et les artisans tremblant à chaque minute d'être victimes des désordres d'une foule de paysans frénétiques réunis de toutes les communes voisines; mais cet homme était sans caractère et sans intelligence.

Le 26 décembre, à midi, un parlementaire du Général Kellermann se présenta à la porte de Rome; le peuple s'empara de lui et le conduisit à l'Hôtel-de-ville. M. Zelli se fit remettre ses dépêches, et s'engagea à en faire lecture publique. Son premier soin fut d'accourir pour nous en donner connaissance. Le Général Kellermann, fils de M. le Maréchal Duc de Valmy, dont le quartier-général était alors établi à Ronciglione, sommait la ville de rentrer dans le devoir, d'ouvrir ses portes et de remettre en liberté les Français qu'elle retenait prisonniers, en la menaçant de la réduire en cendres, si elle différait. Nous donnâmes à M. Zelli le conseil de faire préparer les esprits de la multitude par les prêtres, qui étaient eux-mêmes particulièrement intéressés à prévenir les suites d'une lutte aussi inégale. Il applaudit à cet avis et s'y conforma exactement.

Cependant la place de l'Hôtel-de-ville était remplie d'une foule d'hommes armés qui demandaient à grands cris qu'on leur communiquât les dépêches apportées par le courrier. Pendant que les ecclésiastiques se répandent dans les groupes, M. Zelli monte sur une table et fait connaître aux insurgés que le seul parti qu'ils doivent prendre, c'est celui d'une soumission prompte et sans réserve. Ses exhortations sont accueillies par des cris de rage, il est outragé, précipité, et les scélérats s'apprêtent à le poignarder : il périssait, sans le courage et la vigueur de Gaëtano, qui relève d'une main son respectable maître, tout meurtri et couvert de boue, tandis que de l'autre il écarte les assassins.

C'en était fait de l'influence de M. Zelli, qui jusqu'alors nous avait protégés comme un rempart inexpugnable : son autorité continuait bien à être respectée des honnêtes gens, il leur servait encore de point de ralliement et de guide, mais ils étaient eux-mêmes impuissans dans ce désordre extrême.

Les révoltés avaient nommé un comité de quatre personnes qui s'intitulait la Congrégation ; ses fonctions se bornaient à rédiger et enregistrer toutes les décisions ridicules et contradictoires qui étaient prises par acclamation sur la place publique, et exécutées sans aucun retard. Les emprisonnemens se multipliaient, et les personnes les plus recommandables désignées, au gré des ressentimens individuels, comme jacobins et patriotes, étaient jetées dans les cachots.

Le

Le tocsin ne discontinuait pas, il était répété par tous les villages environnans. Ses délibérations closes, la populace armée se répandait dans les rues, en jetant des cris épouvantables.

M. Zelli consterné de cet état de choses, mais conservant une admirable présence d'esprit, et toujours infatigable quand il fallait nous servir, recourut au Cardinal Muzio-Gallo, Evêque de Viterbe, et le décida à venir passer quelques jours auprès des prisonniers, afin de les couvrir des égards dûs à sa dignité, à son âge et à ses vertus.

Le Cardinal, malgré sa faiblesse et son grand âge (il avait 82 ans), n'hésita point à suivre M. Zelli. Sa présence ramena le calme dans le palais. Nous lui fîmes tous notre visite, et nous ne le quittâmes qu'émus de respect et d'attendrissement.

Le 27, à 7 heures du matin, une foule de femmes et d'enfans accourent au palais Zelli, en remplissant l'air de leurs imprécations contre nous; le tocsin redouble, et les révoltés se précipitent armés de toutes les maisons. Une colonne française s'était approchée de la ville, et cette nouvelle avait réveillé leur fureur. J'étais, en ce moment, seul levé, je courus aux appartemens des dames et leur recommandai de monter sans nul délai chez le Cardinal. La terreur était au comble dans toute la maison. M. Zelli fils paraît, pâle, éperdu, désespéré; au nom de Dieu, s'écrie-t-il, M. le Cardinal, hâtez-vous, tout est fini. Le bon Prélat, tremblant, ne savait de quel côté se diriger; nos épouses, les femmes de la maison l'habillaient à la hâte, et suppléaient son valet de chambre, qui demeurait immobile de frayeur; nous étions tous pressés autour de lui, il daignait nous encourager : s'il tardait quelques minutes, peut-être sa dignité allait-elle être méconnue, et le sang de trente personnes déchirées en lambeaux, inonder la chambre étroite où nous étions amoncelés. Cependant la porte du palais, frappée à grands coups de hache, est sur le point d'être enfoncée.

Le Cardinal, soutenu par deux ecclésiastiques, se transporte au balcon; il demande silence, l'obtient, et à peine a-t-il prononcé quelques mots, que cette multitude perd sa furie, tombe à genoux, reçoit sa bénédiction et se retire.

Nous avions, depuis quelques jours, intéressé à notre conservation plusieurs chefs de l'insurrection. L'un d'eux, à la tête d'une demi-douzaine d'affidés, nous servait de garde; c'était un homme de six pieds, d'une force et d'une activité extraordinaires. Il avait transformé en arsenal l'antichambre des appartemens. Au moment où la porte cédait aux efforts des forcenés, il trouva le moyen d'assener un vigoureux coup de hache, entre les deux battans, sur la tête du plus furieux. Ce malheureux blessé à mort, apperçoit le Cardinal, fait le signe de la croix, tombe, et expire noyé dans son sang.

Ce zèle pouvait avoir pour nous les suites les plus funestes, si l'attroupement ne se fût immédiatement dissipé.

Revenus de notre premier trouble, nous descendîmes chez Madame Zelli. Toutes les fenêtres étaient fermées, une lampe seule éclairait faiblement la chambre. Cette Dame était dans des convulsions affreuses. Nous voilà sauvés pour un moment, nous dit-elle, en reprenant ses sens, mais cette journée est la dernière pour nous tous. Nous lui répondions par le silence et les larmes. Le Cardinal l'encourageait de son mieux.

Pendant ce temps le combat continuait avec acharnement, on se canonnait de part et d'autre. Passant tour-à-tour de l'espérance à la crainte, nous donnions et nous réclamions alternativement des consolations et des assurances de protection. Ce cruel état d'incertitude dura quatre heures : nous étions placés entre la vie et la mort; et ce qu'il y avait de plus déchirant, c'est que nous entraînions dans l'abîme une famille entière qui s'était dévouée pour nous.

Durant cette crise terrible, je tâchais de la peindre; voulant laisser au moins ce monument de nos souffrances, je recueillais les notes sur lesquelles je rédige ce Mémoire. M. Mangourit composait un mandement que le Cardinal s'offrait de signer. M. Artaud ne quittait pas M. Zelli, et l'aidait à profiter, pour le salut de tous, des chances qui pouvaient se présenter.

Nous nous crûmes un moment délivrés, on annonçait que les Français entraient dans la ville; déjà j'avais recouvert d'un riche habit brodé, racheté après le pillage, les haillons de la Stufata, espérant, par cette marque du caractère dont j'étais revêtu, faire respecter de nos compatriotes l'asile où nous avions été accueillis si généreusement.

Hélas! nous étions encore abusés par de faux récits; la colonne française se retirait, et l'on n'entendait plus la canonnade que dans le lointain, et à longs intervalles.

Les Viterbois, loin d'être rassurés par cette espèce de succès, s'attendaient à une attaque nouvelle cette journée-là même. Deux de leurs chefs vinrent nous trouver et nous proposer quelques moyens d'accommodement. Nous les reçûmes avec politesse. L'un d'eux tenait les éclats d'un obus dans la main, et il nous dit que l'artillerie française n'avait fait aucun mal, parce que Sainte Rose, patrone de Viterbe, avait reçu les boulets dans son tablier.... *Almeno*, ajouta-t-il, *cosi lo crede la populacia.* Cet homme n'avait nullement l'air persuadé. L'objet apparent de leur démarche était de demander des vivres, et ils avaient profité de cette occasion pour stipuler, autant que possible, leurs intérêts particuliers.

Pendant le combat, nos camarades rassemblés à l'auberge royale, avaient été plusieurs fois attaqués par les paysans, mais toujours courageusement défendus par la garde napolitaine et le détachement de garde civique qu'on leur avait donné.

Le 28, sur les six heures du soir, le Cardinal nous quitta pour retourner à son palais. Son départ nous consterna. Quelques minutes après, le Comte Magnoni, gentilhomme d'honneur de Son Eminence, vint trouver M. Zelli, et se renferma avec lui. Au même instant, je recevais de l'auberge royale une lettre qui m'annonçait que nos compatriotes étaient dans un imminent péril. Je me hâtai d'aller communiquer ces nouvelles à M. Zelli. Je le trouvai dans la chambre de son épouse, prosterné, avec tous ses enfans, devant un crucifix, pendant que les domestiques faisaient à la hâte des paquets. Surpris de ce spectacle, je ne savais comment l'interpréter. Il n'y a plus de sureté ici, me dit M. Zelli, si vous voulez vivre, suivez-nous, et sans délai. Je vole aux chambres les plus voisines, je répète cet avis à ceux de nos compagnons d'infortune que j'y rencontre; mais pressé par les ordres itératifs de M. Zelli, je n'ai pas le temps de courir à l'autre extrémité du palais, où deux d'entre eux étaient retirés : il fallut partir : nous tressaillîmes en franchissant le seuil hospitalier.

Nous marchions à pas lents, à travers des rues détournées, dans le silence le plus profond, ignorant où nous étions conduits; enfin nous traversons des salles immenses d'un style gothique, et nous nous trouvons dans l'appartement même du Cardinal. Ce vénérable Prélat nous attendait, en proie aux plus vives alarmes; il avait donné ordre qu'on nous préparât des lits dans les chambres les plus retirées de l'Évêché.

Ses ornemens pontificaux étaient disposés sur un autel, afin qu'il pût s'en revêtir au besoin, et imposer ainsi, par sa présence et les signes augustes de son ministère, aux séditieux, s'ils osaient violer sa demeure.

M. Zelli voulut occuper les premières chambres avec sa famille, afin qu'on ne pût arriver jusqu'à nous qu'après l'avoir immolé avec tous les siens.

Messieurs Perrot et Saint-André n'étaient pas encore réunis à nous. L'un de nos conducteurs les alla chercher, et nous eûmes bientôt le bonheur de les embrasser.

Ils avaient été arrêtés en chemin par une

patrouille, mais dès que leur guide eût prononcé le mot *Napoli*, on les laissa continuer leur route.

Nous allions nous coucher, lorsque nous apprîmes que la populace assiégeait le palais Zelli. Nous étions accablés de l'idée des désastres que nous avions appelés sur nos bienfaiteurs ; mais le ciel veillait sur eux. Les insurgés nous cherchaient, et quand ils furent certains de notre évasion, ils se retirèrent sans causer de dommage.

La nuit fut assez paisible, mais toujours le tocsin, la *maledetta campanella*, comme l'appelait M. Zelli.

Le sort des Français réfugiés à l'auberge royale, nous plongeait dans de vives inquiétudes. Le désordre était au comble dans cette maison, les groupes qui l'environnaient ne cessaient d'être nombreux et menaçans.

Le lendemain, sur les neuf heures du matin, plusieurs bourgeois se rendirent à l'Évêché, nous protestèrent de l'indignation que leur inspirait la révolte opiniâtre des paysans, et nous supplièrent de leur accorder des sauvegardes. Nous n'en refusâmes aucune ; elles étaient un moyen puissant de division et de recrutement en notre faveur. M. Mangourit et moi les signions, et y appliquions un cachet de bois, fait à la hâte, et grossièrement gravé, portant les armes de la République.

Le Cardinal s'était rendu lui-même auprès de

nous, il voulait sortir en habits pontificaux, pour tâcher de décider la multitude à la soumission.

Il nous importait trop que ce bon Prélat ne perdît rien de son influence, pour ne point nous opposer à un dessein qui pouvait la compromettre.

M. Zelli pressé par la saine partie des habitans, avait cédé à leurs instances, et était retourné à l'Hôtel-de-ville sous leur escorte, à travers les huées et les sifflets.

N'écoutant que son courage, il se hasarda à paraître sur la place publique, et après des efforts inouis, parvint à persuader à la populace qu'il fallait que Viterbe suivit le sort de Rome, et annonça qu'il allait expédier un courrier pour s'assurer de la situation de la capitale.

Ce moyen était ingénieux, notre libérateur savait déjà que les Français y avaient fait leur entrée victorieuse. Toute proposition directe de soumission eût révolté ces esprits farouches. En même-temps une estafette était partie secrètement pour informer le Général Kellermann de l'état de la ville, qui paraissait incliner à la paix.

Le calme le plus profond régnait à l'Évêché, et, pour la première fois depuis long-temps, nous éprouvions une joie sans mélange. Mais à deux heures, le tocsin retentit de nouveau, et l'on reprit les armes.

Un second courrier du Général Kellermann,

porteur d'une sommation itérative, qui menaçait la ville d'être brûlée si elle ne rentrait dans le devoir, avait donné lieu à tout ce désordre. Le Général n'accordait pour la réponse que quatre heures.

Les bourgeois et les artisans voulaient ouvrir les portes ; nous invitions leurs chefs à les presser de s'en emparer, il leur était facile de mettre en fuite la lie d'un peuple sauvage et mal armé. Nous leur représentions, et ils voyaient parfaitement l'abîme qui allait les engloutir; mais les brigands avaient inspiré une terreur profonde qui paralysait leur énergie.

Enfin, ils nommèrent six députés pour se rendre au quartier-général. On avait placé à la porte de Rome des gens dont on se croyait sûr, et qui devaient favoriser leur sortie ; mais la populace, informée de la résolution prise, était sur ses gardes, et s'opposa au départ de la députation, dont les membres eurent bien de la peine à sauver leur vie. Heureusement le courrier du Général fut respecté, et put lui remettre nos dépêches.

Les révoltés demandaient l'emprisonnement des Français de l'auberge royale, ils avaient tenté plusieurs fois de les enlever. Ils dûrent leur salut à l'avocat des pauvres, Ciofi, qui sut obtenir avec adresse des délais, et à l'énergie d'un jeune caporal napolitain qui commandait la garde qu'on leur avait donnée. M. Zelli, qui nous instruisit, sur les dix heures du soir, de ces détails, avait pris des mesures pour les faire conduire dans les grottes de l'Évêché, s'il y avait quelques nouveaux mouvemens dirigés contre eux pendant la nuit, qui fut très orageuse.

Nos calculs nous faisaient espérer très prochainement la réponse du Général Kellermann; mais nous retombâmes dans les plus affreuses incertitudes, en apprenant qu'il avait fait commander cinq cents rations de pain à Vetrallo, pour la légion polonaise. Cette disposition nous paraissait inexplicable. Quel était son but? Voulait-on tourner la ville et attaquer par la porte de Florence, ou bien, ce qui était plus vraisemblable, marcher sur Orbitello où 4,000 Napolitains s'étaient cantonnés, et ne revenir à Viterbe qu'après cette expédition?

Nous étions occupés à étudier les cartes du pays pour nous former une opinion sur cette marche, lorsque l'officier napolitain qui commandait le détachement laissé dans la ville, fut introduit près de nous. Il commença par nous représenter qu'il n'était pas dans le cas d'être fait prisonnier, parce que depuis quatre jours, il avait reçu ordre d'évacuer, et que les paysans s'y étaient opposés et avaient désarmé sa troupe. Ses malheureux soldats ne trouvaient plus ni asile, ni subsistance; ils étaient devenus pour la populace un objet de mépris, et nous sûmes de cet officier qu'à la dernière tentative qu'une colonne française avait faite contre Viterbe, ses soldats, qui tremblaient devant les révoltés, avaient été contraints par eux de se battre.

Nous fîmes à M. Mellera [c'était le nom de cet officier] les reproches qu'il méritait; mais touchés de compassion par sa position présente, nous lui promîmes notre appui.

Il était assez plaisant que des proscrits, dont la vie était sans cesse en péril, jouassent le rôle de protecteurs.

Les craintes de l'officier napolitain étaient d'autant plus grandes, qu'un chef de bataillon français [M. Durup], qui était du nombre des prisonniers de l'auberge royale, lui avait promis de lui obtenir une capitulation, si sa troupe parvenait à protéger leur retraite, et que le matin elle en avait été chassée par les révoltés, qui y avaient établi un poste.

Le terrible et éternel tocsin fut couvert, sur les trois heures de l'après-midi, par le son de toutes les cloches de la ville; ce charivari annonçait une grande procession en l'honneur de Ste Rose, dont on promena dans les rues la statue vêtue d'une robe pillée avec les autres effets de ma femme. Sainte Rose fut, ce soir-là, habillée en petite maîtresse parisienne.

Nous fîmes, ce même après-midi, apporter, pour plusieurs jours, des provisions à l'Evêché.

Vers le soir, nous étions, à notre ordinaire, réunis au fond du palais épiscopal, dans l'attente des événemens, lorsque des hurlemens affreux partent du pied des remparts qui ceignent l'Evêché; on croyait appercevoir l'armée française, et l'on annonçait qu'elle était déjà à la porte S. Pierre, sur la route de Toscanella. Cette porte S. Pierre se trouvait en face de nos fenêtres.

Les habitans de Montefiascone avaient envoyé redemander leurs détachemens, qu'ils jugeaient nécessaires à leur défense.

Persuadés que les Français continuaient leur route vers les défilés de la Toscane, notre espoir s'éloignait avec eux; il était à croire que les Napolitains y feraient plus de résistance qu'à *Monte-Alto*, où ils avaient été taillés en pièces.

La journée du lendemain se passa en préparatifs de défenses de la part des révoltés, et de la nôtre, en négociations et en pourparlers avec les bourgeois. Nous délivrions incessamment des certificats qu'ils appelaient des sauvegardes; nous en remîmes 200 en blanc à M. Zelli; nous ne sûmes que le soir l'usage qu'il en fit. Les paysans épaulaient les remparts. Nos fenêtres, qui avaient vue sur une partie des murs, étaient exactement fermées, et il nous était défendu de parler haut.

L'anarchie était à son comble, les denrées étaient pillées, le courrier de Florence avait été arrêté, ses dépêches ouvertes et dispersées.

Nous ne savions comment expliquer le retard de l'exprès envoyé à Rome; nous n'avions aucune réponse aux lettres que le courrier du Général Kellermann avait dû lui remettre; notre consternation égalait celle des bourgeois.

Un jeune homme d'une bonne famille de la ville, nommé Polydori, suspect à la multitude, parce qu'il avait eu des liaisons avec les Français, fut arrêté à la porte de Florence, déguisé en femme, et conduit en prison. Il faillit vingt fois en route être fusillé; il eût été assassiné, sans un sergent de la garde civique qui parvint à l'arracher des mains des assassins. On le jeta dans un cachot, après avoir été garotté, et la *Congrégation* fut forcée de s'engager à le représenter le lendemain, pour qu'il fût jugé par le peuple.

Je me trouvais le soir à souper entre la Comtesse Magnoni et M. Zelli. » Au nom de Dieu, me » dit tout bas ce dernier, faites que tout le monde se » retire de bonne heure; priez MM. Artaud et Man- » gourit de se rendre dans ma chambre aussitôt après » le repas ». Combien il me tardait de savoir ce que notre généreux Comte avait à nous confier! Enfin nous sommes seuls tous les quatre. » Mes » amis, nous dit M. Zelli, vous n'avez cessé de

» courir de grands dangers ces jours passés, mais
» je me suis contenté de veiller sur vous, sans vou-
» loir troubler les momens d'espoir et de sécurité
» dont vous aviez si grand besoin.

» J'ai reçu la réponse du Général Kellermann à
» la lettre que les honnêtes gens de cette ville lui
» ont écrite, et par laquelle ils l'assurent de leur
» soumission. Il y compte et va se présenter devant
» nos murs peut-être demain matin. Cependant ce
» peuple coupable est plus furieux que jamais, et
» il persiste dans le dessein extravagant de se dé-
» fendre. Il périra et nous entraînera tous dans sa
» perte. Le Général se croira trompé par nous, et
» sera autorisé à ne plus garder de mesure.

» J'ai empêché que personne n'eût connaissance
» jusqu'à ce moment de sa réponse, et vous allez
» juger si c'était important. Il fut résolu hier, à la
» *Congrégation*, qu'à l'approche des Français,
» vous et les prisonniers de l'auberge royale seriez
» renfermés dans une vieille maison située près la
» porte S. Pierre; que des barils de poudre seraient
» placés dans les caves, et que si vos compatriotes,
» instruits de votre position, et sommés de se reti-
» rer, s'y refusaient, on vous ferait sauter. Si la
» réponse du Général eût été lue ce soir, c'en était
» fait de vous. Il faudra cependant que je la fasse
» connaitre demain, je ne puis différer, et tout
» mon sang se glace.... O peuple abominable!

Nous étions immobiles. « Mes chers enfans, » continua l'incomparable Zelli, je n'aurai rien de » commun avec ces brigands, je ne me sépare » plus de vous, et nous périrons tous ensemble, » si nous ne pouvons sauver ce malheureux pays. » Cependant j'ai concerté quelques mesures. Le » Cardinal n'a encore rien perdu de son crédit » ni de son autorité; vous en avez la preuve, » puisque vous existez; sa présence, si les brigands » se transportent ici, pourra les contenir, mais » la prudence veut que nous prévoyons le cas » contraire, et si nous en sommes réduits à cette » funeste extrémité, nous nous retirerons dans les » souterrains de ce palais; on assure qu'il en est » un qui se prolonge jusqu'à Toscanella : nous irons » le reconnaître à la pointe du jour. Je me suis » assuré de 200 hommes braves et déterminés, » qui, au premier signal, se rendront à l'Evêché. » Nous combattrons avec eux; si nous sommes les » plus faibles, nous nous retirerons de chambre » en chambre, en barricadant successivement les » portes; s'ils parviennent à les enfoncer, nous » descendrons dans les grottes, et pour peu que » nous gagnions du temps, les Français viendront » nous délivrer. Vous devinez l'emploi que j'ai » fait, ce matin, des 200 sauvegardes que vous » m'avez remises ».

Comment peindre notre émotion, notre respect,

notre enthousiasme pour le vertueux, l'intrépide Zelli !

Rendus dans nos chambres, nous y trouvâmes nos épouses endormies, rêvant sans doute au bonheur de revoir bientôt leur patrie; et nous.... nous qui savions les scènes affreuses qui se préparaient, nous frémissions, et les cheveux se dressaient sur nos têtes. Dès la pointe du jour, nous courûmes visiter les souterrains; tout ce qu'on avait dit sur ces grottes, sur leur prolongement jusqu'à Toscanella, n'est qu'une fable populaire; les grottes qui existent réellement, n'étaient nullement sûres; trop connues des paysans, elles leur serviraient probablement de lieu de retraite, si les Français entraient dans la ville.

Nous remontâmes désespérés, et après beaucoup de recherches, nous ne découvrîmes qu'un trou assez profond dans l'épaisseur d'un énorme mur, et recouvert d'une tapisserie antique. Nous l'adoptâmes pour dernier asile, et nous traînâmes devant un autel que nous surchargeâmes de madones, de croix et de reliques; ces objets vénérés nous paraissaient propres à nous protéger, et au besoin nous eussions fait des miracles.

Le Cardinal nous avait proposé de faire ôter les grands reliquaires qui étaient placés sous le maître-autel de son église : dans le péril extrême, nous

nous nous y fussions réfugiés. Dans le même moment, pour éloigner toute recherche de la part des brigands, le Cardinal eût célébré les saints mystères sur nos têtes.

Nous avions aussi eu l'idée de lever quelques tombes sépulcrales, et de chercher un asile contre la mort dans son funèbre domaine; mais, outre l'horreur dont cet expédient nous pénétrait, il n'était pas plus assuré que celui du bon Cardinal; nous pouvions y être découverts, et cette profanation des autels et des tombeaux n'aurait pu être expiée que par l'effusion du sang.

Enfin, l'exprès envoyé à Rome arrive et annonce qu'il y a trouvé les Français, que les emblêmes de la République sont par-tout rétablis. Par une fatalité déplorable, la lettre qui était adressée à M. Zelli, et qui confirmait le rapport du courrier, n'était pas signée, et les chefs de la populace affectèrent pendant quelques instants de la considérer comme une ruse concertée.

Cependant le plus grand nombre était ébranlé. Les menaces de quelques instigateurs de l'insurrection, qui redoutaient le châtiment et l'exemple de la ville de Neppi, qu'on venait de détruire entièrement par le fer et la flamme, retenaient encore sous leurs ordres quelques centaines de paysans féroces; il fallait dissiper ce noyau. Nous crûmes pouvoir y parvenir en offrant notre médiation à la *Congrégation* : nous commencions à jouer pour la ville le personnage d'hommes très importans. Nous proposâmes donc de publier de notre part que nous solliciterions du Général Kellermann, 1.º l'oubli du passé ; 2.º le respect le plus absolu pour le culte et ses ministres ; 3.º le renouvellement complet des autorités ; 4.º le paiement des fournitures qui seraient faites ultérieurement ; 5.º la punition des voleurs publics ; enfin, nous nous engagions à ne consentir à la restitution des effets qui nous avaient été pris, que par l'entremise des curés et des confesseurs.

Telle était la teneur de l'acte dont on nous fit ensuite un crime, et qu'on voulut faire considérer comme une usurpation des pouvoirs du Général qui seul avait le droit d'accorder une capitulation. Mais il me semble que, sans engager en aucune manière le Général, nous avions le droit d'offrir notre intercession auprès de lui ; et qu'il y a une grande différence entre signer une capitulation et promettre d'intercéder auprès de qui il appartient de l'octroyer.

Il est certain que si nous n'eussions pas employé ce moyen politique, les troubles se fussent prolongés, les révoltés eussent persisté dans leur résistance, et le sang eût encore coulé.....

On nomma, pour porter nos lettres au Général Kellermann, deux députés, *il signor Orazio Menecossi* et le capitaine napolitain *Mellera*.

Nous nous félicitions d'avoir su avec adresse, du fond de notre prison, dissiper une armée vraiment formidable, et d'avoir rétabli une communication très importante entre Rome et la Toscane. Sans doute la présence de la division Kellermann fut la principale cause de notre succès ; mais au moins étions-nous parvenus à lui faciliter son entrée dans cette place, sans exposer la vie de braves que des combats plus glorieux réclamaient.

Nous nous croyions libres lorsqu'encore une fois les députés sont repoussés de la porte et forcés de se sauver. Heureusement ils trouvèrent à prix d'argent un exprès qui se chargea de porter nos lettres au quartier-général.

Au milieu de la nuit, *l'ultimatum* du Général arriva, et dans le jour même il devait faire, de gré ou de vive force, son entrée dans Viterbe. Ce peuple, que nous regardions comme soumis, se rassemble de nouveau, sonne le tocsin, reprend les armes, et se prépare à combattre.

A ce bruit nous fûmes abattus et découragés. Qu'attendre d'un ramas de brigands stupides, capricieux et barbares ? Nous prenions la résolution de ne plus lutter contre la fortune, et de nous abandonner aveuglément à la destinée, lorsque M. le Comte Zelli vint nous demander une audience pour le chef des révoltés, qui entra sur-le-champ, accompagné de son père. C'était un homme de trente ans, robuste, à l'air audacieux, et d'une belle figure. Le père, de la taille de cinq pieds huit pouces au moins, à face pleine, et barbe blanche, chargé d'embonpoint, le bonnet de coton à la main, le tablier de peau blanche retroussé, ressemblait à ces gros bourgeois de la ligue dont les mémoires du temps nous tracent le portrait.

Ce vieillard s'appelait *Doménione*, et était menuisier. Il nous exposa avec chaleur que son fils Vincenzo, Général des Viterbois, avait mérité la confiance du peuple par sa bravoure ; qu'il avait été forcé à prendre le commandement des insurgés ; qu'il l'aurait déjà depuis long-temps déposé, s'il en avait été le maître ; qu'il désirait ne pas perdre la ville par une défense imprudente, et qu'il était prêt à acheter son pardon par l'obéissance la plus entière à ce que nous prescririons.

Vincenzo ajouta que d'abord il avait été du parti des Français, que ses compatriotes ayant depuis eu à se plaindre d'eux, il les avait pris en haine ; qu'il avait regardé le Roi de Naples comme leur libérateur, et qu'il avait juré de lui être fidèle ; mais que ce Prince les ayant abandonnés, il s'était cru dégagé de son serment ; que le peuple *était rentré dans l'exercice de sa souve-*

raineté, et qu'il n'avait pu refuser l'honneur qu'on lui avait déféré ; qu'il n'avait jamais eu d'autre dessein que de sauver sa patrie, et que, puisque la résistance l'entraînerait infailliblement à sa ruine, il était prêt à faire quitter les armes, si nous nous engagions à garantir la vie de son père, la sienne, celle de sa femme et de ses enfans.

Nous le lui promîmes, et nous lui proposâmes de le faire par écrit. » Non, non, dit-il, en me prenant la main, entre militaires il ne faut que la parole. Je vais donner ordre de désarmer ; je ferai plus, je traverserai moi-même la ville, la hache sur l'épaule, et j'irai donner les premiers coups à nos retranchemens ».

Vincenzo-Doménione nous tint fidèlement parole. A deux heures de l'après-midi, les paysans étaient dispersés, les armes et les canons remis à la Municipalité, les deux principales portes ouvertes, et l'on s'occupait à briser les autres.

Nous cessions d'être prisonniers ; après avoir vu, pendant vingt-six jours, la mort planer sur nos têtes, nous goûtions une sécurité parfaite, nous allions revoir des Français, les serrer dans nos bras et leur présenter nos intrépides protecteurs. Nos yeux étaient sans cesse tournés vers Toscanella.

Enfin toutes les cloches de la ville sonnent, en signe d'alégresse, on apperçoit les colonnes françaises, et le drapeau national flotte sur le beffroi de l'Hôtel-de-ville.

Nous sortons de l'Evêché : certes, nous étions curieux à voir sous nos costumes bizarres. Les rues étaient désertes, des femmes aux fenêtres nous demandaient grace, et nous les rassurions autant qu'il nous était possible. Nous n'étions pas encore arrivés à la porte de Rome, que nous apperçûmes M. Lahure, alors colonel du quinzième régiment d'infanterie légère. Dès qu'il nous vit, il descendit de chéval et courut à nous; ses officiers en firent autant, et nous confondîmes nos embrassemens.

Qui peut rendre de pareils momens? qui peut peindre la joie de malheureux échappés à d'affreux périls, qui pressent dans leurs bras les nobles et braves amis qui sont accourus à leur délivrance ?

Peu d'instans après, arriva le Général Kellermann. Il descendit chez M. Zelli, il devait cette marque d'estime et de confiance à un homme si rare.

Le Général voulut voir tous nos dignes amis, il les combla de bonté, les assura de sa protection. Il savait déjà tout ce que nous leur devions, et il accueillit avec un intérêt particulier le bon Père Martinelli. Le lendemain, il fit sa visite au vénérable Cardinal Muzio-Gallo.

Le Général voulut bien confirmer les espérances que nous avions données en son nom. La ville était bien coupable, mais la conduite magnanime de plusieurs de ses notables habitans détourna d'elle les châtimens terribles qu'elle avait mérités. Nul excès, nul désordre ne troubla la sérénité des jours de calme qui succédèrent à tant d'agitations. L'ordre du départ fut donné pour le 27 décembre, à sept heures du matin. La famille Zelli redoutant des vengeances particulières, crut devoir partir avec nous.

Nous avions retrouvé les débris de nos voitures que nous avions fait rajuster à la hâte : des cordes remplaçaient les cuirs, et l'intérieur, entièrement dépouillé, était rempli de paille qui nous servait de siége, ou plutôt de lit, pendant la route.

La terre était couverte de neige, le froid excessif, et les chemins d'une extrême difficulté.

La colonne nous précédait, l'artillerie et nos voitures venaient ensuite, et la marche était fermée par deux compagnies de carabiniers. Il était très important de ne point perdre son rang, et sur-tout de ne pas rester sur les derrières qui étaient inquiétés par des gros de paysans armés épars dans les montagnes qui précèdent Ronciglione.

Ma femme avait rendu à la bonne hôtesse de la Stufata ses habits viterbois, et avait repris les vêtemens qu'elle portait à son départ de Rome, vingt-huit jours auparavant : ils consistaient en une robe de soie très légère, à manches courtes, et un schall de mousseline claire. Quoiqu'elle n'eût pour chaussure que des souliers blancs presque sans semelles, et les seuls qui lui fussent restés du pillage, il fallut pourtant faire à pied la plus grande partie de la route, à travers les neiges et les glaces, parce qu'il y avait souvent du danger à rester dans la voiture dont les chevaux s'abattaient sans cesse.

Vers la fin du jour, nous entrâmes à Ronciglione, où nous trouvâmes pour Commandant M. Clement, alors chef d'escadron, maintenant Général de brigade. Nous ne pourrons jamais oublier les soins délicats qu'il nous a prodigués.

Nous nous remîmes en route à minuit. Nos provisions ne tardèrent pas à être gelées. De Ronciglione à Rome, il n'y avait plus une seule habitation qui ne fût ruinée : par-tout la plus horrible dévastation.

Il fallait que rien ne manquât à notre histoire romanesque. Près de la Storta, ma voiture fut renversée par l'artillerie, et plus encore par la maladresse des postillons. Je vois en un instant Madame Saint-André et ma femme, qui lui avait donné une place, inondées de sang. J'étais au désespoir; la colonne était passée, le temps continuait à être affreux; Madame Saint-André seule était assez grièvement blessée à la tête, elle perdait
son

son sang et ses forces, et je ne pouvais lui procurer de secours. Heureusement la voiture de M. Mangourit, que je croyais nous avoir devancés, arriva et la recueillit.

Après avoir vainement imploré le secours de plusieurs passans, n'appercevant plus personne, menacé d'être abandonné par les postillons qui ne pouvaient venir à bout de relever ma voiture et de la mettre en état de rouler, je me voyais au moment d'être obligé de passer la nuit dans cette cruelle position; par le plus grand bonheur, quelques hommes du quinzième régiment d'infanterie légère étaient restés en arrière, ils nous tirèrent promptement de ce pénible embarras.

Nous arrivâmes à la poste de la Storta demi-morts de faim, de froid et de fatigues. Madame Saint-André s'y reposait. Des soldats arrachaient les portes et les croisées de la maison pour faire du feu.

Ma femme, étendue sur la paille hachée qui couvrait le sol de cette chambre, cherchait à se réchauffer; un soldat lui fait l'honneur de la prendre pour une vivandière, et en termes énergiques, lui demande de l'eau-de-vie. Ses camarades, à ce mot, tournent la tête et reconnaissent en nous les prisonniers de Viterbe. Sur-le-champ ils nous environnent, offrent aux deux dames les meilleures places devant le feu, partagent avec nous leurs minces provisions, et nous comblent d'égards. Dans la situation où nous étions, ces secours étaient inappréciables. Je ne savais comment exprimer à ces braves compatriotes toute ma reconnaissance.

Enfin, nous rentrâmes à Rome, à cinq heures du soir, le 28 décembre. Nous y reçûmes les témoignages du plus vif intérêt. Le Général en chef et les Commissaires du Gouvernement s'empressèrent de nous faire passer des fonds bien nécessaires dans notre détresse.

Ici se termine l'histoire de la plus douloureuse partie de mon voyage en Italie. Chargé depuis d'une mission nouvelle près l'armée de Naples, les mois qui suivirent, jusqu'à l'époque de mon retour dans mes foyers, m'offriraient encore la matière de récits d'un autre genre, mais qui ne seraient pas indignes d'être consignés dans un écrit. Je ne les publierai pas; je les laisserai à mes enfans, auxquels il m'importe de prouver que jamais leur père n'a cessé de marcher dans la voie de l'honneur et de la probité; et au lieu du riche patrimoine que ma mission me donnait, avec moins de délicatesse, les moyens de leur amasser, je serai fier de leur laisser une mémoire irréprochable; je me contenterai de déclarer qu'il n'est pas une seule circonstance de ma conduite en

Italie, sur laquelle je ne puisse, armé de preuves irrécusables, confondre la calomnie.

Au mois d'avril, toutes les femmes qui avaient suivi l'armée, sans aucune distinction, reçurent l'ordre de retourner en France. Le Général en chef avait prescrit cette mesure, voulant pourvoir à leur salut et débarrasser l'armée d'une foule d'équipages qui entravaient sa marche. Il était incertain dès-lors qu'il pût se maintenir à Naples, toute sa conduite étant subordonnée aux événemens qui auraient lieu dans l'Italie septentrionale.

Ma femme partit donc, avec une foule d'autres, accompagnée du Vice-Amiral Pleville-le-Peley et de M. Faipoult, qui retournaient à Paris. Elle ne se sépara d'eux qu'à Gênes.

J'étais à Florence lorsque la nouvelle se répandit qu'elle avait été assassinée entre Gênes et Porto-di-Venere; et le soir même le Colonel Expert me montra une lettre de Madame son épouse, qui lui mandait de Nice qu'elles y étaient arrivées ensemble, en parfaite santé, sans avoir été inquiétées, et que dès le lendemain elles partaient pour Marseille.

Enfin, après une année si agitée, je me retrouvai au milieu des miens, le 2 septembre 1799, dans une terre que je possédais, conjointement avec mon frère, au Département de Seine et Marne.

F I N.

A LAON, DE L'IMPRIMERIE DE MELLEVILLE, RUE CHATELAINE.

www.ingramcontent.com/pod-product-compliance
Lightning Source LLC
LaVergne TN
LVHW052107090426
835512LV00035B/1302